文章が一瞬でロジカルになる接続詞の使い方

吉岡友治

草思社

はじめに

「わかりやすい文章を書けるようになるには、どうすればいいか？」という問いに対する答えは、今まで、いくつも出されてきました。しかし、この本では、それを「接続詞」という言葉に焦点を当てることで、明らかにしました。

「接続詞」とは別名「つなぎことば」と言われます。前の文と後の文の関係を明確にして、文章の流れを整える役目ですね。名詞とか動詞のように、内容を直接表す言葉ではないので、今までは、どちらかと言えば、補助的な要素と見なされて軽視される傾向がありました。しかし、実は、自分の述べたいメッセージを、正確で効率的に、わかりやすく伝えるのに欠かせない言葉なのです。

実際、私は、今まで何千という文章を添削してきましたが、その人の文章レベルを判断するときには、まず、接続詞がちゃんと使われているか、をチェックすることから始めています。接続詞の使い方を見るだけで、その人がどのくらいの文章力や思考力があるか、一目で見て取ることができるのです。

逆に言えば、接続詞が正確に使えるようになれば、文章の洗練度を確実に向上させられます。なぜなら、内容に関わらないだけに、言いたいことをあまり変えないでも、よりクリアな言い方に直せるからです。それどころか、接続詞を整えるだけで、目の前にある文章のどこが述べ足りないのか、どこがよけいな記述なのかも、自然に見えてくる効果もあります。

そういう意味で、接続詞は、けっして補助的な要素ではありません。むしろ、文章の流れと構造、さらには、その意味内容まで決定する大切な要素なのです。

そこで、この本では主要な接続詞を取り上げて、例文を挙げて、その意味と用法の違いを理解してもらおうとしました。読者の方も、小さい頃から使っている日本語ですから、それぞれの違いは、何となくはわかっているかもしれません。しかし、知っているつもりでも、正確な使い方はできていないことが多い。それをもう一度確認して、正しい使い方ができるようにするのが目標です。いわば「接続詞のやり直し本」です。

ただ、この本の目的は「体系的な文法説明」ではありません。力点は「接続詞を理解することで、よりクリアな文章を書ける」ことにあります。だから、日本語でよく使われる接続詞を網羅して、その意味や機能を、例外も含めてくわしく説明する、という書き方はしてありません。むしろ、例外に触れるのは最小限にして、書くときに役立つ原則を示すことに主眼があります。

実際、「それで」「そんなわけで」など、よく使われてはいても、それほど文章の明快性に関係ないものは、あえて取り上げていません。あくまで、接続詞をネタにして、より論理的《ロジカル》で明瞭な文章を書けるようになるための「書き方」の本なのです。接続詞に注目したのは、それを実現する確実な手段だからです。

当然のことですが、取り上げる文章も、さまざまな文章のタイプをすべて挙げてあるわけではありません。よく、日本語を扱う本では、物語や新聞記事を例として取り上げるのですが、こういう文章は、読む機会は多いかもしれませんが、日常生活で自分が書く機会は多くありません。むしろ、必要なのは説明文や意見文などの論理的と言われるタイプの文章です。

こういう文章の目的は、自己表現ではありません。むしろ、読者に正確に紛れなく伝え、判断に影響を与えることが大切です。そういう場合には、ぜひ、この本に書いてあるいくつかの事項を思い出して実行してみてください。全部はできなくても、部分的にも適用できれば「格段にわかりやすくなった」と言われるはずです。

なお、この本では伝えるプロセスを「歩くこと」で視覚化しています。人と出会うためには、まず歩き出すことが大切です。でも、準備が十分できていないと、すぐつまずきます。そこで、自分の足取りを検証し、今度は確実に一歩を踏み出す。そうすると、歩くのも速くなり、周囲の風景も変わってきます。その結果として、新しい人とも出会える。こんなプロセスが、ささやかな言葉を手がかりに、実感できるのです。小著が、そのような伝達の指針になるとしたら、著者としてこれほどうれしいことはありません。では、歩き出しましょう！

吉岡友治

【主な接続詞と役割】

（大まかな分類を示しました。この本で取り上げなかったものも含みます）

何となくつなぐ	そして、それに、それで、（また）
言い換えて説明する	つまり、すなわち、あるいは、逆に言うと、（……のである）
理屈づける	だから、したがって、それゆえ
順序立てる	まず、第一に、最初に、次に、最後に
つけ加える	また、さらに、そのうえ、それから、かつ
理由を挙げる	なぜなら……からだ、というのは
例を出す	たとえば、実際、事実
異議を唱える	しかし、だが、でも、ところが、ただ、なお、とはいえ
比較・対比する	一方……他方……、むしろ、それどころか、それに対して、逆に、反面、半面
強調して区別する	とくに、まして、そもそも、とりわけ
ダメ押しして結論づける	このように、要するに、結局、とにかく、やはり
話題を転換する	さて、ところで、では
配慮して譲歩する	もちろん……しかし……、たしかに……だが……

文章が一瞬でロジカルになる接続詞の使い方　目次

第2章　あいまいな接続詞に気づく

第4章　例示と説明をくっきりさせる

第5章　きっちり結論につなげる

第6章 接続詞を選び、文章を変える

本文デザイン・ＤＴＰ　長谷眞砂子

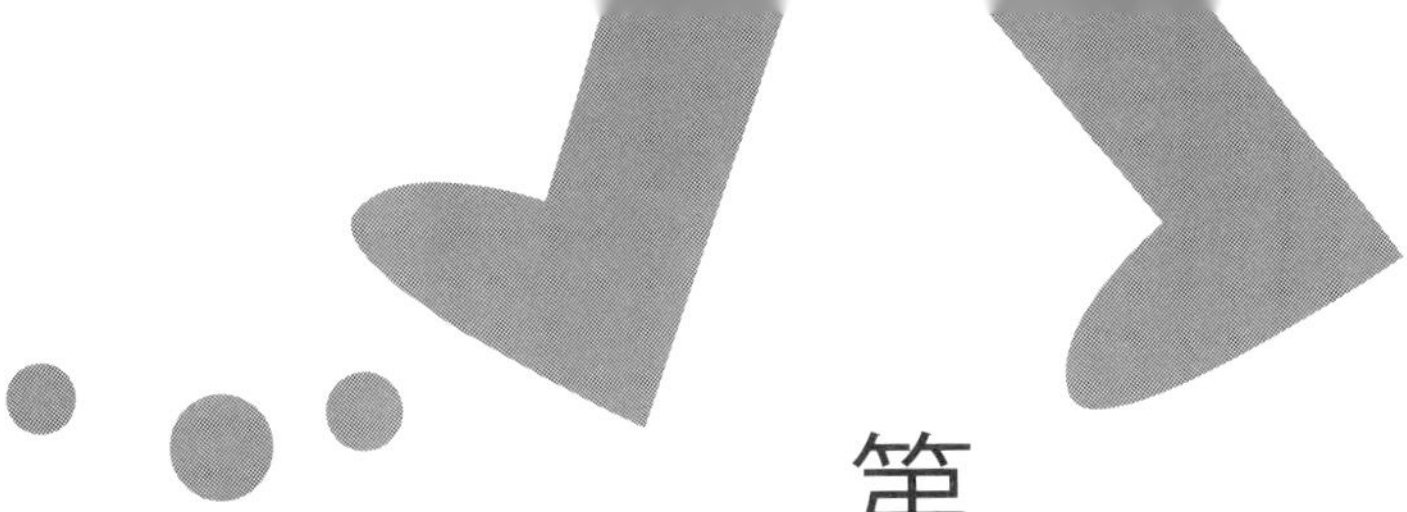

第1章　接続詞の役割は何だろう？

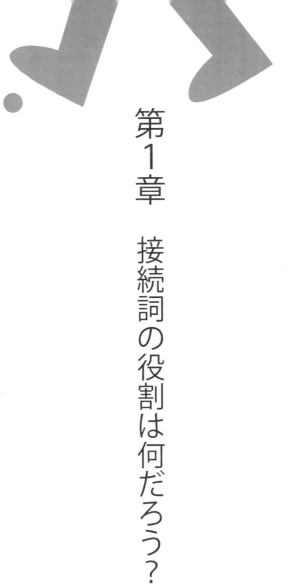

接続詞は「無駄な穴埋《あなう》め言葉」ではない

接続詞は、前の文と後の文をつなぐための言葉と言われています。代表的なものは「そして」とか「しかし」とか「だから」など。学校の国語の授業や試験でお馴染みの言葉かもしれません。

国語の試験などでは、接続詞の穴埋め問題もよく出題されます。問題文の中に空欄がいくつかあって、そこに適当な接続の言葉を入れなさい、という問題ですね。

たとえば、次の例題は三つの文から成り立っています。文❶と文❷の間、文❷と文❸の間に接続詞が入るはずですが、空欄になっています。だから「どれが入るのか？」と聞かれるわけです。

【例題】

❶神社には、鏡や珠や剣が祀られています。❷［A］それらは、仏教寺院にある仏や菩薩、観音などの「ご本尊」とはちょっと性格が違います。

❸ B 鏡や珠や剣は、神々や神霊が一時的に憑依《ひょうい》するためのご神体であり、神そのものの具象的な表現ではないからです。

問：空欄 A 、 B の中に入る言葉を次から選び、記号で書きなさい。

ア そして
イ なぜなら
ウ また
エ したがって
オ たとえば
カ しかし

解答の考え方

解答はおわかりでしょうか？ A には**カ**の「しかし」、 B には、**イ**「なぜなら」が入ります。

なぜか？ まず、 A の前の文❶では「神社」の話をしているのですが、文❷では仏教のお寺が話題になっています。神社とお寺は似たような感じですね。でも、文❷の末尾には「性格が違います」とあるので、「似たような感じ」とは反対の意味の言葉に結びつけられ、ちょっと意外な展開になっています。だから「しかし」という逆接＝反対の内容を表す言葉が入ります。

一方で、文❸の最後を見ると、「……からです」とあって、文❸は直前の文❷の理由になっています。だから、［B］には「なぜなら」という理由を表す接続詞が入ります。それぞれの接続詞には、特有の表す意味があり、前後の文の内容に従って、真ん中でつなげるのが「接続詞」という種類の言葉なのです。つまり、接続詞の働きは、次のような式でまとめられるのです。

接続詞 ＝ ［特有の意味がある］ ＋ ［前後の内容に対応する］

なぜ谷崎は接続詞を嫌ったのか？

でも、こんな風に、前後の文脈を吟味することで間に入る接続詞がわかるのだったら、そんなものなど必要ないのじゃないでしょうか？　気をつけて読めば、どういうつながりなのか、問題なくわかるわけですから、わざわざ面倒な言葉をつけ加えなくてもいいはずです。

実際、そのように考えた人もたくさんいました。その中には有名な小説家谷崎潤一郎もいます。彼は『文章読本』で次のように書いています。

……文法的の構造や論理の整頓と云うことに囚われ、叙述を理詰めに運ぼうとする結果、句と句との間、センテンスとセンテンスとの間が意味の上で繋がっていないと承知が出来ない。……「しかし」とか、「けれども」とか、「だが」とか、「そうして」とか、「にも拘《かか》わらず」とか、「そのために」とか、「そう云うわけで」とか云うような無駄な穴塡《あなう》めの言葉が多くなり、それだけ重厚味が減殺されるのであります。

（谷崎潤一郎『文章読本』）

つまり、谷崎に言わせると、接続詞は「無駄な穴塡めの言葉」で、「重厚味が減殺」されるだけ。なくてもいい言葉なのです。昭和の大文豪、谷崎が言うのですから、説得力がありますね。でも、本当にそうなのでしょうか？

よい小説ほど接続詞はいらない

小説のような**物語を表す文章では、物事は、時間の流れに沿って動きます**。「起承転結」という言葉がありますが、これが物語の基本構造です。何かが起こり、それが発展していくうちに、最初は思いもよらなかったような方向に話がずれて、そこから急転直下、結末に至るというわけです。

時間の流れに意外性はない

しかも、物語では、その流れが納得できるように書かれなければなりません。つまり、何かが起こったら、読者は「なるほど、こうなるしかないよな～」という感じを持ちます。次に起こる出来事も、その発展です。さらに、その次の出来事も「そうか、こうなるのか。いかにもありそうなことだね」という感じになります。たとえ、意外なことになっても、それも「お、今度はそう来るの？　でも、わかるわかる」という範囲なのです。この関係を、具体的な小説作品で確認してみましょう。

国境の長いトンネルを抜けると雪国であった。夜の底が白くなった。信号所に汽車が止まった。

向側の座席から娘が立って来て、島村の前のガラス窓を落した。雪の冷気が流れこんだ。娘は窓いっぱいに乗り出して、遠くへ呼ぶように、

「駅長さあん、駅長さあん」

明りをさげてゆっくり雪を踏んで来た男は、襟巻で鼻の上まで包み、耳に帽子の毛皮を垂れていた。

（川端康成『雪国』）


これは、ノーベル文学賞を受けた川端康成の小説『雪国』の冒頭部分です。「だが」も「それで」も見当たりません。それどころか、まったく接続詞が使われていないのがわかります。なぜ接続詞がないのか？ なくても、つながりがきちんとたどれるからです。

これは「汽車がトンネルを抜けて雪国に出た」という冒頭に続く一連の描写です。列車がトンネルを抜けると、雪が積もっている。その明かりで、土地はぼんやりと明るく感じられる。汽車が駅に止まると、娘が立って窓を開けて駅長を呼ぶ。冷たい空気が流れ込んでくる。呼ばれた駅長がやってくる。

これらは、すべて一連の動作・描写で、前に起こった出来事から予想される範囲で起こります。最初の「国境の長いトンネルを抜けると雪国であった」という事実から当然、こうなるだろうと思われる範囲の内容なのです。だから、**特別に接続詞をつけなくても、話は勝手に流れていく**わけです。

これは、よく言われるように「日本語が論理的でない」ためではありません。英語に翻訳しても、この部分では接続詞は一つも出てきません。接続詞に関しては「英語と日本語の発想の違い」はないのです。

「伏線」が接続詞の代わりになる

つまり、小説では、あまり接続詞の必要がないのです。あることが起こり、それが引き金になって、次の出来事が起こり、それが、さらに次の出来事を生む……と芋づる式に、予想されたように出来事が起こる。だから、次に何が来るか、いちいち予告しなくても、だいたい進行はわかります。それなら、わざわざ手を加える必要はない。

「起承転結」の「転」のところですら、予想の範囲のぎりぎりに収まります。「転」といっても、まったくの意外ではありません。なぜなら、物語には「伏線」が周到にはりめぐらされて、意外な展開につながる徴候があれこれと目立たないように仕込んであるからです。だから、意外な「転」が起こっても、読者の方は「ああ、やっぱりこうなっちゃったか！　言わんこっちゃない」などと感じる。主人公に感情移入して「もっと早くに気づいてくれよ～、もうっ！」と悔しがる。展開がまったく予想できないなら、こういう反応にはならないはずです。次の文でも「ああ、やっぱり！」という気持ちがあふれています。

あっと人垣が息を呑んで、女の体が落ちるのを見た。……落ちた女が葉子だと、島村もわかったのはいつだったろう。……島村がこの温泉場へ駒子に会いに来る汽車のなかで、葉子の顔のただなかに野山のともし火がともった時のさまをはっと思い出して、島村はまた胸がふるえた。

（川端康成『雪国』）

このように、**自然に展開するなら、接続詞がなくても文章は理解できる**のです。物語系の文章は、この手のものがほとんどです。小説家である谷崎が、接続詞を「無駄な穴塡めの言葉」と呼び、使わない方がよい、と強調するのも十分うなずけますね。

接続詞の必要な文章とは？

でも、文章は小説ばかりではありません。小学校以来の分類を思い出してみましょう。物語や短歌、俳句のような文学的文章の他に、日記文、紀行文、報告文もあり、説明文、論説文などの論理的文章もありました。これらは、それぞれ物語とは違った目的や書き方があります。たとえば、日記文や紀行文、報告文は自分が体験したことを読者に伝える文章です。だから、まず体験が語られ、それに「自分はこう思った」「こう感じた」という感想がくっつく。これが洗練されると随筆・エッセイなどになるでしょう。

情報・意見を伝える文章

一方、説明文や論説文は、何かについて情報を伝えたり、それを探求・提案・予測したりする文章です。たとえば、報告文は、モノゴトを「こうなりましたよ」と述べ、取扱説明書などでは「こういう風に操作するんですよ」と教えます。さらに、論説文では「今の状況から見ると将来はこうなりそうだ。だから、こうすべきだ」などと意見を述べる。

本体は、リチウム電池とニッケル水素電池を内蔵しており、正しく使用、または廃棄されないと、発熱・破裂・爆発する原因となります。**よって**、本体を水の中に捨てたり、沈めたりしないで下さい。

先の予測か？　サスペンスか？

情報・意見を伝える文章は、物語文や短歌・俳句のように読者の感情に働きかけ、共感を誘うものではありません。物語は、読者をハラハラドキドキさせたりシンミリさせ、詩歌では、生活の一場面を描写して「なるほど、こういう感じだよな〜」と思わせればいい。でも、情報の伝達をするには、ずいぶん違った作業をしなければなりません。**情報を伝えたり意見を述べたりするのは、読者にとって新しい内容や事柄を提示すること**です。読者が知っている情報、つまり常識は今さら説明する必要はないし、読者と同じ考えなら、わざわざ文に書いて、「これが私の考えです！」と宣言する必要はありません。

相手が知らないから説明が必要になるし、自分と考えが違うから「私なり」の意見を述べる必要が出てくる。前の内容から後が、当然のように予想できるような展開にはなりません。こういう場合に、接続詞が必要になってくるのです。次の文例を見てみましょう。

先を予測させてストレスを減らす

日本語の「自由」が与えるイメージが、フーテンの寅さんのような共同体を離れた無縁者の姿であるとすると、それは「責任」という観念と結びつかない。日本語の「責任」とは、どんなに嫌だったとしても、共同体の場にとどまり、そこから与えられた「役」を果たすことを意味する。与えられた役を果たせないと「役立たず」と呼ばれ、周囲から人間扱いしてもらえなくなる。『大辞泉』では、「責任」は「立場上当然負わなければならない任務や義務」と説明されている。日本語の責任は「立場」から生じ、西欧のように「自己による選択」から生じるのではない。「自由」は「無責任」だと考えられるのである。〈安富歩『生きるための経済学――〈選択の自由〉からの脱却』一部改変〉

面倒くさそうな文章ですね。「責任」「自由」「共同体」「観念」「義務」などのビッグ・ワードが綺羅星《きらぼし》のように並び、「フーテンの寅」から『大辞泉』までイメージも飛ぶので脳がミシミシいいそう。でも、接続詞を補ってみると、少し見通しがよくなります。

日本語の「自由」が与えるイメージが、フーテンの寅さんのような共同体を離れた無縁者の姿であるとすると、それは「責任」という観念と結びつかない。**なぜなら**、日本語の「責任」とは、どんなに嫌だったとしても、共同体の場にとどまり、そこから与えられた「役」を果たすことを意味するからである。**だから**、与えられた役を果たせないと「役立たず」と呼ばれ、周囲から人間扱いしてもらえなくなる。**たとえば**、『大辞泉』では、「責任」は「立場上当然負わなければならない任務や義務」と説明されている。**このように**、日本語の責任は「立場」から生じ、西欧のように「自己による選択」から生じるのではない。**むしろ**、日本では「自由」は「無責任」だと考えられるのである。

相変わらず意味を取るのは面倒ですが、それでも、ちょっとだけ筋道がわかりやすくなる気がしませんか？　「なぜなら」があるなら、次に理由が来るとわかるし、「だから」なら当然の帰結だし、「たとえば」なら例示、「このように」は、それまでのまとめ、「むしろ」が出てくると比較だな、とわかる。

道路標識としての役割

このように、接続詞がところどころあるだけで読む作業はずっと楽になります。たとえて言えば**接続詞は道路標識**です。近くに学校がある場所では、子供の絵が描いてある。あるいは、見通しが悪い道では、曲がりくねった道の表示がある。それで運転者は注意するから、実際に児童が飛び出しても、ブレーキをかけたりハンドルを切ったり素早く反応できる。

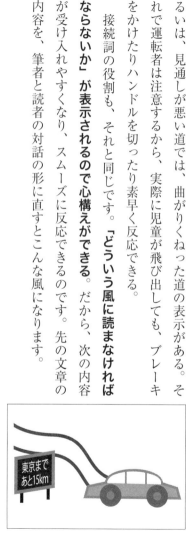

接続詞の役割も、それと同じです。**「どういう風に読まなければならないか」が表示されるので心構えができる**。だから、次の内容が受け入れやすくなり、スムーズに反応できるのです。先の文章の内容を、筆者と読者の対話の形に直すとこんな風になります。

●●●●●●

「日本語の『自由』は『責任』という考えと結びつかないんだよ」

「えっ、どうして」

「**なぜなら**、日本語の『責任』は、共同体から与えられた『役』を果たすことを意味するから」

「するとどうなるの？」

「**だから**、役を果たせないと、人間扱いしてもらえなくなる」

「もっと具体的に言ってよ」

「**たとえば**『大辞泉』では、『責任』は『立場上当然負わなければならない任務や義務』と説明されているんだ」

「で、結局どうなるわけ？」

「**このように**日本では責任は『立場』から生じるわけ」

「もっとわかりやすく言うと？」

「**むしろ**『自由』は『無責任』なんだね」


つまり、**接続詞は、読者が持つ疑問に対応して使われる**のです。その疑問に筆者が答えていくので、結果として文章の見通しがよくなるのです。多少「重厚味がなくなる」くらいの理由で、こんなメリットを捨て去るのはおかしい。むしろ、積極的に使って読みやすくする方がずっといいのです。

実用的文章では接続詞が大事

日常生活で書く文章は、小説などの「文学的文章」であることはめったにありません。むしろ、**「実用的な文章」は、何かを説明したり意見や考えを述べたりすることが、圧倒的に多い**でしょう。「どう書いたら伝わるか?」と悩むのも、このタイプの文章です。

こういう文章は、相手が知らなかったり誤解したりしていることに対して「新しい情報・考え方」を示し、相手の理解を深めたり、行為を促したりすることを目的にします。新しい内容だけに、すぐには、のみ込みにくい。だから、**読者の理解を楽にしてあげる工夫が必要**なのです。

美観より理解しやすさ

もし「道の美観が損なわれる」ことを気にして道路標識を外したら、事故を引き起こす危険が高くなります。道路は人・物を移動させる手段なのですから、美観より安全が重要です。同様に、日常生活で書く「実用的な文章」では「重厚味がなくなる」という美的観点より、誤解を生まない方を優先させなければなりません。

もちろん、人によっては「わかりやすいばかりではスリルがない！」というへそ曲がりもいるでしょう。そういう人は、むしろ「一読してわかりにくい文章」を好むし、そういう趣味の人をねらって書く「芸術的な文章」も実際に存在するでしょう。しかし、それはあくまで例外的存在です。早くきちんと理解したいのに、わざわざわかりにくい文章を読みたいという物好きはいません。「実用的な文章」では、優先順位は明らかです。

文学的文章	美観◎	わかりやすさ△
実用的文章	美観△	わかりやすさ◎

新聞記事は論理的ではない

こんなことを言うと「新聞記事のような文章を書けばいいんですね？」と言う人も出てくるかもしれません。しかし、残念ながら、新聞記事はお手本にはなりません。なぜなら事件＝「起こったこと」を描くには、基本的に時間の流れに従うからです。だから、小説と同じく、接続詞は少なくていい。

もちろん、記事の中には説明したり意見を述べたりするものもあります。しかし、そのレベルは必ずしも高くありません。新聞記事は「中学二年生にもわかるように書くべきだ」とよく言われます。複雑な理屈を入れることは許されず、既知の情報から簡単に予想できる範囲の内容に限られる。当然、接続詞の必要性も低くなってくるのです。

コラムはお手本にならない

実際、新聞コラムなどは意見文のはずですが、かなり特殊なスタイルを取ります。たとえば、普通の文章では使われない「▼」を段落の代わりにして、そこで内容の飛躍をすることがあります。実際、次のコラムではギリシャと日本がどう結びつくのか、不明確なまま「さて」で文章が結びつけられています。

●●●●●●●●

……もはや祭典が無条件に歓迎される時代ではないようだ。……2004年のアテネ五輪で多くの施設を建設したが、その後は放置されているものが目立つ。▼債務危機に苦しむギリシャは、借金の返済のため、空港や港湾、公営企業など売れるものは何でも売る姿勢だ。ただ、後の計画もなく造られた五輪施設には「買い手がつきそうにない」との声がある。無駄遣いの象徴になっている。▼さて4年後の東京五輪である。当初7千億円とされた開催費用は見積もりの甘さや資材の高騰で、2兆円とも3兆円とも言われるようになった。

（朝日新聞『天声人語』）

途中で「▼」を入れれば、どんな話題にでもつなげられます。だから、季節の話題から始まり、最近の社会の話題に触れて、最後は政治ネタで終わるというように、散漫な構成になりやすい。首尾一貫性も理屈もあいまいで、よい文章表現とはお世辞にも言えません。だから、本書では新聞記事を題材にはせず、もう少しきっちりした文章を主に扱います。そういう文章をお手本にした方が、会話でもより正確な伝え方ができるからです。

本書のねらい

以下の第2章から第5章では、冒頭に二つの文章を出して比較します。内容は、ほとんど同じなのですが、使われている接続詞が違っています。そのため、ニュアンスや意味合いが微妙に違って感じられます。まず、それを読んで、その違いをじっくり味わってみてください。その後で、説明を読んでいけば「ああ、だからこう感じるのか！」という納得感が深くなるはずです。

こんな経験を重ねて、**それぞれの接続詞の意味と語感が実感できるようになれば、自分でも、効果的に使う工夫ができます**。そうすれば、説得力のある力強い文章が書けるし、口頭で話しても正確に伝わるはずです。「無駄な穴埴め言葉」なんてとんでもない。接続詞は、それだけのパワーを秘めた言葉なのです。それでは始めましょう！

第2章　あいまいな接続詞に気づく

「そして」「……が、……が」を追放する！

雨が降った。**そして**私は出かけた。
雨が降った。**しかし**私は出かけた。

接続の言葉は、前の文と後ろの文がどうつながるか、を決めます。小学校以来の「順接」とか「逆接」とかいう言葉を思い出すかもしれません。順接は「そして」、逆接は「しかし」、この二つが区別できていれば十分、と思っている人も少なくありません。でも、実は「そして」という言葉は、接続詞の代表とするのはちょっと問題です。たとえば冒頭の「雨が降った。しかし私は出かけた」は、雨が降って濡れるから出かけたくない、でも行かなきゃ用事が片付かない。仕方がない。行くか！ そんな感じです。

それに対し「雨が降った。そして私は出かけた」というときの状況はどうなるでしょうか？ 雨が降ってきた。「私」は出かけたいのか？ 出かけたくないのか？ はっきりしません。そもそも「雨が降っているから出かけたくない」のなら、なぜ「しかし」を使わないのか？　なぜ「そして」をわざわざ使うのか？

あいまいな接続詞

それとも「雨が降っている。子供が濡れると可哀想だから、学校まで迎えに出かけようかな」という気持ちでしょうか？　でも、そうなら「雨が降った。だから私は出かけた」と言った方が、雨が降った→子供が心配になる→迎えに行こう→出かけるという理屈のつながりがよくわかります。

もしかしたら、時間的な順序を表しているだけでしょうか？「一時頃には降っていたけど、二時になって雨が上がった。それで私は出かけた」とか。でも、その場合も「雨が降っていたけれど上がった。だから私は出かけた」とすればいい。

結局、ここで、わざわざ「そして」を使わなければならない理由はありません。それどころか、**「そして」は別な接続の言葉に直した方が、ずっとわかりやすくなる**のです。

暴力団のいない国。そして日本に。

駅に貼ってあったポスターの文句です。何を言っているのでしょうか？「暴力団のいない国にしましょう！」の「しましょう」がとれた形？でも、「暴力団のいない国ならいいいな」という希望の表れかもしれませんね。

「そして日本に」のところは、さらに問題です。日本に何をするのか、どんな日本にするのか？そのために何をするのか？「安全安心な国にする」？そのために、こまめに「警察に通報する」？それとも危険だから「日本へ帰りたくない」？でも、暴力団に属している当人だったら「暴力団のいない国はかえって困るよ。皆もかしこく利用すればいいのに」なんて思っているかもしれませんね。

●●●●●●●●●●●●●

暴力団のいない国、**つまり**、安全な日本にしましょう。

暴力団のいない安全な国がいい。**でも**、実際の日本は違うから困る。

暴力団のいない国が理想だ。**ただ**、それは今の日本では不可能だから、我慢しよう。

暴力団がいないといいいけど、実はたくさんいる。**でも**、日本に帰らなきゃいけない。

暴力団がいない国にしたい。**だから**、警察と連絡して彼らを追い出す日本にする。

暴力団のいない国は困る。**むしろ**、日本では暴力団を積極的に活用すべきだ。

「暴力団のいない国。そして日本に」は、以上のどの意味でも表すことができます。でも、これらの意味をハッキリさせるには、「つまり」「でも」「だから」など、「そして」以外の接続詞を使わなければなりません。よく言えば、「そして」は「融通無碍《ゆうずうむげ》」、悪く言えば「いい加減」。物事をはっきりさせたいときには「そして」は使わない方がいい。逆に、物事をぼんやりとさせたいときには便利な接続詞です。次の文例も見てみましょう。

この世には、本当に生活に困っている人がいて、そういう人は皆で助けるべきです。**そして**、今の日本は豊かな国で、一生懸命働けばそれなりに食べていくことができます。**そして**、困っている人は働くのが嫌いだから、困っているのです。

つながりを明確にする

まず、二つの「そして」を整理しましょう。「生活に困っている」と「豊か」で「食べていける」は、反対の内容だから、最初の「そして」は逆接「しかし」「だが」を使えます。次の「そして」は「だから」に言い換えて、少し言葉を補います。すると、こうなります。

この世には、本当に生活に困っている人がいて、そういう人は皆で助けるべきです。**しかし**、今の日本は豊かな国で、一生懸命働けばそれなりに食べていくことができます。**だから**、困っている人は（一生懸命働かない、つまり）働くのが嫌いだから困っているのです。

ずいぶんはっきりした物言いになりました。でも、これだと「生活に困る」のは怠惰だから、助けなくていいとなりそうです。でも「働けない人」には障碍《しょうがい》者や病気の人などもいるから、そこまで言い切っていいのでしょうのか？「そして」を使うと、この過激さが隠れてしまうのです。

「……が、……が」もあいまい

似たような接続には「……が」もあります。一見、逆接のようですが、「しかし」に変えると意味が違ってくる場合が出てきます。

❶これは青森産のリンゴです**が**、食べてみませんか？

❷これは青森産のリンゴです。**しかし**、食べてみませんか？
❸これは青森産のリンゴです。**だから**、食べてみませんか？

❷だと、まるで「青森産のリンゴ」だと食べない方がいいみたいです。でも「青森産」なら、むしろ「おいしく品質のよいリンゴ」を予想するので、何か変ですね。❸なら、食欲が進まない人に「おいしいリンゴだから」食べようと勧めている。こちらの方が言いたいことに近いでしょう。

「……が」は、もともと「リンゴを食べるのが好きだ」のように主語を表します。「……が」も、もともとはたんに前文と後文をつなぐだけだったようです。文脈次第で逆接にも順接にもなるのです。だから、どちらだかわからなくなる。

あいまいさをなくしたいのなら、いっそのこと「これは青森産のリンゴです。だから、食べてみませんか？」とか「これは青森産のリンゴです。もしかしたら、青森産は嫌いかな？　しかし、食べてみませんか？」と別の言葉に言い換えた方が、意図が明確に伝わるのです。

日常会話と文章

日常会話では、表情も身振りもつくので、「そして」をどちらの意味で取るか、誤解の余地は少なくなります。でも、文章では表情も身振りもありません。だから、**文意を明確にするなら、「そして」や「……が」は、なるべく使わない方がいい**。実際「そして」はだいたい別な言葉に言い換えられます。たとえば「A、B**そして**Cは……」と列挙するときも「AとB**それに**Cは……」と書き換えられます。「そして」や「……が」が多用されている文章では、内容が不明瞭になりがちです。だから「そして」があったら、思い切って別の言葉に置き換えてみましょう。

【まとめ】
文章では「そして」「……が」をなるべくなくす
接続の言葉の使い方次第で、文意は明瞭になる
文章では、より明瞭な意味をめざす

「また」の使いすぎはくたびれる

> 結局、災害発生時には、行政のリーダーシップが重要なのである。**また**、行政が被災することも考えられるので、その場合の行動計画書も作っておくべきだろう。
>
> 結局、災害発生時には、行政のリーダーシップが重要なのである。**ただ**、行政が被災することも考えられるので、その場合の行動計画書も作っておくべきだろう。

「また」の有効性は？

「そして」とともに、「また」も添加の接続詞と言われます。つまり、前に述べた内容に、さらに新しい内容をつけ加えてつなげる、という役目があるのですね。

とはいっても、無限に「また……また……また……また……」とつなげられるわけではありません。繰り返すうちに、どうしても内容の劣化が起こります。とくに「また」は、ただ内容をつなげるだけなので、そこに優先順位などの構造がありません。いくつもの事柄がばらばらに並べられるので「どれを優先するのか？」「どれが一番大事なのか？」と読む方が疑心暗鬼になるきらいがあります。

「また」と「ただ」の違い

たとえば、冒頭の二つの例文では、内容はほとんど変わりません。でも、読者に与える心理的な影響はだいぶ違ってきます。

前の方では、まず「行政のリーダーシップ」が強調されています。その「行政が被災する」場合に「また」でつながれます。それに対して、後の方では、そこが「ただ」でつながれています。読んだ感じは、どう違ってくるのでしょうか？

前の方は「災害発生時には、行政のリーダーシップが重要」というメッセージを、まず受け取ります。その後で「行政が被災する」という別の場合が出てくる。ん？　行政が被災した場合、さっきのリーダーシップの扱いはどうなるのでしょうか？　よくわからなくなります。

後の方は「**ただ**」があるので、文章の後半は「但し書き」で、後から補った内容にすぎません。「行政のリーダーシップが重要」がメインの内容であることは変わらない。つまり、後の方は、文の重要度に差がつけられ、前の文の方が大切であることがわかります。

図にすれば、次のようになるでしょう。

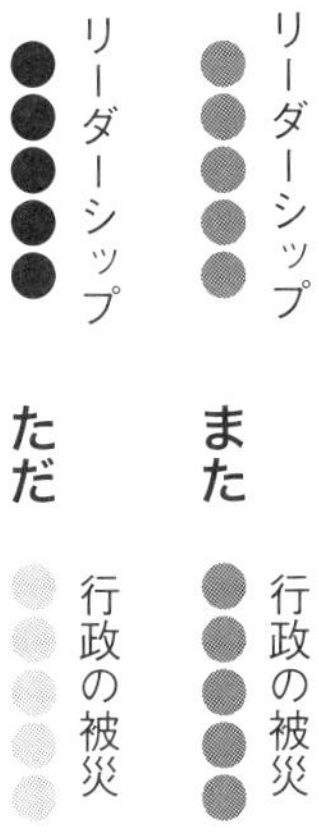

優先順位を表せない

「ただ」の場合は、優先順位は変わっていません。まず、リーダーシップが優先され、万が一、行政が被災しても混乱しないように、あらかじめ行動計画を作っておく。それに対して、「また」を使うと「リーダーシップ」と「被災」が同じ大切さになってしまう。これでは、緊急のときには「どっちを優先したらいいか?」と迷いが生じかねません。

被災地で取る緊急の行動は、意図が一発で伝わらないと、災害という緊急時には判断の迷いが生じかねません。その迷いが決定的な違いを生み出すこともあります。行動は一度に一つずつしかできないので、何を先にやるか、どういう仕組みで行うか、を明確にしておかねばいけませんね。

でも「また」は、そういう順序づけが苦手な接続の言葉です。だから**「また」は言い換えられるなら別の言葉にした方がいい**のです。

結論では使えない

とくに問題なのは結論部分で使われる場合でしょう。結論をつける場合は何らかの裏付けが必要になります。「……すべきだ」と言えるには、「～である。だから、……すべきだ」などと、前からのつながりから、後の主張や提案が導かれなければなりません。でも「また」は、前に書いていない新しい情報をつけ加えるので、前と後の内容は切れていいます。だから、主張や提案の前には接続詞「また」はつけられません。

逆に言えば、「また」が結論部分の前にある場合は、主張や提案につながる理屈がうまくつけられていないことを意味します。次の文章を見てみましょう。

ニートや非正規のまま年を重ねた人、結婚・出産などでいったん離職して復職を目指す人が雇用されるには、スキルがマッチする企業を見つけるべきだ。どのような人でも、スキルがマッチする企業はある。**また**、今の内閣が「一億総活躍社会」というスローガンを掲げ、一度失敗した人も輝ける社会にしようと謳ったことも記憶に新しい。このスローガンを企業が理解すれば、労働状況が改善されるはずだ。

よく見ると、この文章には、いろいろ主張が出てきます。まず「雇用されるには、スキルがマッチする企業を見つけるべきだ」と言われています。その裏付けは「どのような人でも、スキルがマッチする企業はある」でしょう。たしかに、これが成り立てば、雇用先は必ず見つかるでしょう。でも「どのような人でも、スキルがマッチする企業はある」は、すぐにはうなずけない内容です。たとえば、一時代前のＩＴスキルを持っていたとして、それを所持している人材を、企業が欲しがるでしょうか？　そんなスキルはきっといらないでしょう。

もう一つ主張されているのは「労働状況が改善されるはずだ」です。でも、これも疑わしい。内閣が「一億総活躍社会」というスローガンを掲げるだけで、企業が雇用を増やすでしょうか？　業績が伸びる見込みがないのに雇用だけ増やしたら、経営危機に陥ります。こんなスローガンに従ったら、株主から批判されるでしょう。

理屈に合わなくてつなぐ「また」

雇用を増やすには、まず「景気がよくなるはずだ」と企業自身が判断していなくてはいけません。もし景気がいいと思ったら、言われなくても、起業は雇用を増やそうとするでしょう。逆に、景気が悪いときには、政府がいくら促しても人は雇わない。だから、雇用は伸びません。

そう考えれば、この文章の言っていることは、明らかにおかしい。主張を裏付ける内容があやふやです。それなのに、こういう検討を十分にしないで、「また」だけで自分の言いたいことをつないでいる。それでも、何となくまとまった感じがする……。

こういう「**また**」の使い方はよく見られるのですが、まことに困ったものです。理屈に合わないことでも平気でつなげられるし、それで、もっともらしく見えてしまう。これでは、読者の方でも腰を据えて「ここはちゃんとつながっているか？」と考えつつ読まないと、この主張が納得できるものかどうか、判断がつきません。

もし、読むたびに、こんな手間を強いられるとしたら、大変ですね。文章を書くときに、こんな余計なストレスを、読者に与えてはいけないでしょう。だから**「また」はやたらと使わないで、なるべく他の接続詞に言い換えるのが賢明な書き方**なのです。

【まとめ】

「また……」は、前に書いていない新しい内容を出す

「また……」は、理屈が合わなくてもつなげられるので、他の言葉で置き換える

「また……」は、結論部では使えない

「つまり」はなくてもわかる

彼はいかにも「できる男」みたいだが、実は、しょっちゅう間違える。間違えてもそこでめげないで、できるまで努力する。**つまり**、「できる男」というより「努力ができる男」**だ**。

彼はいかにも「できる男」みたいだが、実は、しょっちゅう間違える。間違えてもそこでめげないで、できるまで努力する。「できる男」というより「努力ができる男」だ。

論理は冗長か？

「つまり」は、前と後をイコールでつなぐための接続詞です。「AつまりB」と言ったら、AとBは同じ意味です。これは、論理的な接続と言われます。

論理とはいったい何か？　哲学者の大森荘蔵は「論理とは冗長なことだ」と言いました。「冗長」とは「簡潔」の反対で、無駄に長たらしいことです。「無駄に長たらしいことが論理的？」バカバカしくはないでしょうか？　無駄に長くするだけなら、なぜ人は、わざわざ「論理的になろう」なんて努力するのでしょう？

言い換えが論理である

論理の基本は言い換えです。最初に述べたことを次々に言い換えていって、目指す内容に行きつければ、それは「論理的な説明だ」です。冒頭の文章をもう一度見てみましょう。

❶彼はいかにも「できる男」みたいだが、実は、しょっちゅう間違える。❷間違えてもそこでめげないで、できるまで努力する。❸**つまり**、「できる男」というより「努力ができる男」だ。

◎◎◎◎◎◎

まず、❶の「できる男みたい」だという状態を「しょっちゅう間違える」につなげ、その「間違い」を、さらに❷で「めげないで……努力する」と言い換えます。最後に❸「努力ができる男」につなげます。

❶「できる男」だが間違える　前提

＝

❷間違えてもできるまで努力する男　言い換え

＝ **つまり**

❸「できる男」というより「努力ができる男」だ　結論

こうやると「できる男」という最初の言葉を「努力ができる男」という結論に無理なく変化させられます。本質的な内容を変えないで、前提の言葉を結論の言葉に言い換える。

これが「論理」なのです。

論理 ＝ 本質的な内容を変えない ＋ 前提を結論に言い換える

でも、考えてみれば「『できる男』みたいだが、間違える」と言ったときに、もうこの結論になるのは決まっています。頭のいい人なら、最初の言葉を聞いたときに「ん？　たんなる『できる男』ではない」と感づく。「では、どういう意味で『できる』のか？」と疑問が続く。そこに「間違えても、めげないで努力する」と来れば、「努力ができる男」というフレーズまで後一歩です。こんな風に**「読んでいる人」「聞いている人」に先々の予想ができる仕組みにする。それが「論理的な話のつながり」の特徴**なのです。

「つまり」はいらない

❶から❷までは接続詞がありませんが、❸への言い換えのところに「つまり」が入っています。でも、ここに**「つまり」**がなくても意味は通じます。

間違えてもそこでめげないで、できるまで努力する。「できる男」というより「努力ができる男」だ。

なくても大丈夫ですね？　逆に言うと「つまり」は「ここは論理的なつながりですよ！」あるいは**「ここは言い換えですよ！」と、注意を喚起する言葉になっている**わけです。

論理性を強調したいとき使う

いくら「非論理的な人」でも、論理から外れることはできません。「言われたことだけやれ！」と言いつつ「どうするか、自分で考えろ！」と言う上司は、部下から嫌われるだけです。つまり、論理を無視することは基本的に許されません。「前と同じ」ことを述べるのが基本なので、いちいち「言い換え」を表す「つまり」を使う必要はないのです。むしろ、しょっちゅう「つまり……つまり……」と使う方がわずらわしいですね。

「……のである」も使える

言い換えを示すには「……のである」「……のだ」という言い回しも有効です。冒頭❷〜❸を書き換えて、「……のだ／のである」を「つまり」の代わりに使ってみましょう。ただ、使いすぎは禁物なので、その例も次に示しておきます。

❷間違えてもそこでめげないで、できるまで努力する。❸「できる男」というより「努力ができる男」**なのだ**。

自分トフタリッキリデ生キルノダ
自分ノパンツハ自分デ洗ウノダ
自分ハ自分ヲ尊重シテイルカラ
ソレクライナンデモナイノダ

（谷川俊太郎『谷川俊太郎エトセテラ　リミックス』）

後の方の例文は赤塚不二夫の漫画『天才バカボン』に触発された詩です。だから、わざとこういう書き方をしているのですが、普通の文章なら「……ノダ……ノダ」のリズムがちょっとうるさいですね。「……のだ／のである」も多用しない方が安全でしょう。

【まとめ】

「つまり……」は、前文と後文がまったく同じ内容であることを示す
「つまり……」を入れなくても、同じ内容を表せる
「つまり……」も、「……のだ／のである」も多用しない

「まず……次に……」に頼りすぎない

日本の経済はかんばしくない。**まず**、労働者の収入が減っている。**次に**、消費も伸び悩んでいる。**さらに**、成長率も上がらない。これではよくなるはずはない。

日本の経済はかんばしくない。**なぜなら**、労働者の収入が減っている**からだ**。**だから**、消費も伸び悩み、**結果として**、成長率も上がらない。これではよくなるはずはない。

「まず……次に……」で並べ立てる

文章を明快に書こうと、やたらと番号をつけて、きちんと並べるのが好きな人がいます。「まず……次に……」とか「第一に……第二に……」とかを使うわけですね。ごちゃごちゃしたものごとが、キレイに順序づけられるので、気持ちがよくなるのでしょう。

たしかに、ものごとを分けて並べるのは、整理整頓の基本です。たとえば、ある事柄Aの全体を、aとbとcの三つに分けて、それぞれがどう動くかを考えます。すべて合わせれば、最終的にAがどう動くか予測できます。こういう風に、要素に分けて並べて全体を表すことを列挙と言います。冒頭の文章から接続詞を抜くと、その利点がよくわかります。

日本の経済はかんばしくない。労働者の収入が減っている。消費も伸び悩んでいる。成長率も上がらない。これではよくなるはずはない。

「収入」「消費」「成長率」などの経済用語が次々と出てくるので、ちょっとわずらわしいですね。これを「第一に……第二に……第三に……」と列挙を使ってつなげてみましょう。すると、いかにも、きっぱりと整理された感じがしてきます。その意味では、列挙は実に便利なやり方なのです。

日本の経済はかんばしくない。**第一に**、労働者の収入が減っている。**第二に**、消費も伸び悩んでいる。**第三に**、成長率も上がらない。これではよくなるはずはない。

わかるようでわからない列挙

ただ、列挙は明快なようでいて、実は、第一の要素と第二、第三の要素との関係がどうなっているのか、を示しません。それぞれが違うという区切りだけはわかるのですが、それらの間に本当につながりはないのでしょうか?

ものごとを**列挙という形で整理するには**原則があります。それは、MECEが成り立っていること。「ロジカル・シンキング」でよく言うのですが、**相互の項目が互いに重複がなく、しかも、足し合わせれば全体**となるような仕組み(Mutually Exclusive and Collectively Exhaustive)**になっていなければならない**のです。

逆に言えば、区別して並べられた要素の間に、互いに何らかの関係や影響が認められるのなら、列挙で整理するのは間違っているのです。

● ● ● ● ● ●

❶日本の経済はかんばしくない。❷**なぜなら**、労働者の収入が減っている**からだ**。❸**だから**、消費も伸び悩み、**結果として**、成長率も上がらない。これではよくなるはずはない。

この文例では、第一文が主張で、第二文は、その主張を支える理由、第三文は、「結果として」とあるので、そこから当然出てくる帰結になっています。つまり、第二文と第三文は無関係ではなく、むしろ第二文が第三文の内容を生み出すという関係があるのです。

日本の経済はかんばしくない	主張
→ **なぜなら……からだ**	
労働者の収入が減っている	理由
← **だから**	
消費も伸び悩み、**結果として**、成長率も上がらない	結果

もし、このような関係が各文の間に成り立っているのなら、第二文と第三文の内容は密接な関係があるので、MECEの関係は成立していません。だから、これを列挙で説明したら、言いたいことを間違って伝えることになってしまいます。列挙を使いさえすれば文章は明快になるわけではないのです。

列挙に頼りすぎない

残念ながら、「意識が高い」学生・社会人であればあるほど、明快さを求めて列挙や箇条書きを使いすぎる傾向が見られます。たとえば、次のような文章はよく見られます。

市立動物園の新設コンセプトは以下の通りです。

1　動物が持つ身体能力を生かせる環境を提供します。シロクマの飛び込み、アザラシの泳ぎなど、お客様は、その迫力、運動能力をご堪能いただけるでしょう。

2　小さいお子さんのために、「ふれあいランド」を作ります。ヤギ、ヒツジなどの小動物にふれあって、動物愛護の精神を養います。

たしかに明快なのですが、市民に配布するパンフレットに載っている文章としては、ややぶっきらぼうすぎる感じもします。

市では、市立動物園の新設を検討しています。飼育環境は、動物が持つ身体能力を生かせる形にしたいと考えています。**たとえば**、シロクマの飛び込み、アザラシの泳ぎなど、動物の迫力、運動能力を十分ご堪能いただけるでしょう。**とくに**、小さいお子さんのためには「ふれあいランド」を作る予定です。ヤギ、ヒツジなどの小動物に直接触れれば、動物愛護の精神も養えるでしょう。皆様のご協力を得て、楽しい動物園にしたいと思います。ぜひ、いろいろご意見をお寄せください。

ここでは、わざと列挙にせずに「とくに」を使って、特別に子供のための施設を用意した、と強調しました。これなら、語りかける口調が強調されるはずです。列挙に頼りすぎず、根拠の関係をちゃんと書きわけましょう。

【まとめ】

「まず……次に……」は、一見明快だが、使える場面は限られる

列挙のそれぞれに関係・影響がないか検討する

箇条書きは、たいてい別の書き方ができる

「なぜなら……からだ」は理由を表す魔法のコトバ

> 大学教育は変わりつつある。終身雇用制度が崩壊して、成果主義となった。個人が専門知識を持つとともに、自主的に考え行動する能力などを養う必要がある。
> 大学教育は変わりつつある。**なぜなら**、終身雇用制度が崩壊し、成果主義となった**からだ**。個人が専門知識を持つとともに、自主的に考え行動する能力などを養う必要があるのだ。**そのためには**、大学教育は……に変わるべき……なのである。

「なぜなら」は、後に「……からだ」をともなって理由を表す接続詞です。英語ではbecause…… にあたりますね。

私は、自分の主張、つまり、**言いたい内容を述べた後には必ず「なぜなら……からだ」をつける**ように心掛けなさい、と教えています。とりあえず、「なぜなら……からだ」の中身を検討すれば、この主張が正しいかどうか確かめられるからです。

主張は、ただ言われただけでは、信用できるかどうかわかりません。そのため、その主張をサポートする証拠や理屈を検討する必要があります。

代表的なサポートには、前述したように、理由・説明・例示などがありますが、「なぜなら……からだ」は、とくに「これが主張を支えるメインの理屈なんだ！」と強調することで、文章の信用度を高める役目があるのです。

「……からです」だけでいいか？

ところが、接続詞の好著『文章は接続詞で決まる』（光文社新書）は、「日本語では『なぜなら』系の言葉は必須ではありません」として「使わない方が洗練された文章になる」と主張します。むしろ、「なぜなら」はない方がいいとまで言うのです。

日本語では「なぜなら」系の言葉は必須ではありません。私はふだん留学生に日本語を教える仕事をしているのですが、作文の添削のさいに、この「なぜなら」系の言葉をいかに削るかに日々苦心しています。……日本語で理由を表すさいにまず必要なのは……「〜からです」という文末です。（同書132〜133ページ）

たしかに「理由を表すさいに、まず……『〜からです』という文末」を使います。でも「なぜなら」を使っても、多少くどくはなるけど、間違いとまでは言えないはずです。それなのに、なぜ「いかに削るかに日々苦心」するというほど敵視するのでしょうか？

「なぜなら」をつけてみる

そこで「日本語としての洗練」の程度が落ちるのを承知で、この文章にあえて「なぜなら」をつけて、理由であることをハッキリさせましょう。次の文は例示なので「実際」もつけてみます。

●●●●●●●●●

日本語では「なぜなら」系の言葉は必須ではありません。**なぜなら**、日本語で理由を表すさいにまず必要なのは……「〜からです」という文末だ**からです**。**実際**、私はふだん留学生に日本語を教える仕事をしているのですが、作文の添削のさいに、この「なぜなら」系の言葉をいかに削るかに日々苦心しています。

このように整理すると、「なぜなら」が必要でない理由が「『〜から』という文末で理由は十分表せる」という筆者の判断だけであることが、はっきり示されます。

判断

日本語では「なぜなら」系の言葉は必須ではない

→なぜなら……からだ

＋実際

根拠

理由　日本語で理由を表すさいにまず必要なのは……「～からです」という文末だ

例示　私は……作文の添削のさいに、この「なぜなら」系の言葉をいかに削るかに日々苦心している

しかし、これでは「『なぜなら』を使ってはいけない」「苦心して追放する」ほどの強い内容の結論は出てきません。なぜなら、この文章では、理由の後に説明がなく、いきなり「自分の体験」が証拠として出てくるからです。「著者の体験がたまたまこうだったから……」というだけでは、同じことが一般にも通用するとまでは言えませんね。

正当化の根拠は？

「削ろうと苦心する」行為を正当化するためには、「～から」だけで表せるから、だけでなく、「なぜなら」を使うと日本語としてよくない、と積極的に言えねばなりません。

日本語では「なぜなら」系の言葉は必須ではありません。**なぜなら**、日本語で理由を表すさいに必要なのは「～からです」という文末であり、「なぜなら」は**むしろ邪魔になる**からです。**実際**、私は……

しかし、このように書き換えると「どういう風に邪魔になるのか？」「どうして邪魔になるのか？」というさらなる読者からの疑問・ツッコミも出てくるはずです。まず、それを説明して、それから、体験も「実際に邪魔になって、まずいことになった」という内容を用意しなくてはいけません。しかし、この部分は、そういう応答になっていません。

こんな風に言うのは、『文章は接続詞で決まる』を批判したいからではありません。むしろ、「なぜなら」の意味合いをはっきりさせたいからです。**「なぜなら」は、理由をやや**

大仰に提示する接続詞で、「文章の流れはこうだ！」とわざわざもの申す。もしかしたら、この点がくどくて「自然な日本語」にならないと、著者は判断されたのかもしれません。

使うなら、いっそ大胆に！

でも、私がシカゴ大学で学んだアカデミック・ライティング（論理的文章の書き方）ではこのような判断とは、反対のことを主張します。つまり「**接続詞を使う場合には、むしろ大仰な言葉を使え！**」と教えるのです。

たとえば、and, but のように軽い接続詞ではなく、moreover（さらに）、however, nevertheless（しかしながら）など、ちょっと長ったらしく、面倒くさい接続詞を、あえて使う。そうすれば意味に紛れがなくなるから、いいのだと言うのです。「英文としての美しさ」など、二の次にしていることがよくわかりますね。

でも、だからといって、論理的文章では、文章の美しさが無視されているわけではありません。むしろ「明快で歯切れがよい」「紛れがなくクッキリしている」という別の美点が出てくるのです。

「なぜなら」で明快にする

冒頭の文例でも「なぜなら……からだ」を入れることで、第三文が説明だとわかるだけでなく「大学教育がどう変化すべきか？」という当初の問題への答えが、まだ十分に答えられていないことも明らかになります。実際、「専門知識を持つ」「自主的に考えられる」は教育の目標にすぎず「どういう手段で、その目標を達成していくのか」の方が「教育の変化」に当たるはずです。**接続詞をつけると構造が明確になり、どんな内容が必要なのかわかる**。こんなメリットがあるのなら、多少大仰だろうが流れを阻害しようが、使った方がいい。「自然な日本語」より「ハッキリ紛れなく伝わる」方を優先させるべきなのです。

【まとめ】
主張の後に必ず「なぜなら……からだ」と理由をつける
「なぜなら……からだ」を使うと、文章が信用できるかどうかがハッキリする
接続詞を使うと、あいまいなところ・内容不足のところもハッキリする

第3章　逆接と対比を書きわける

「一方……他方……」では対比にならない

お金がない人は、なるべく、お金を使わずに済んでよかったと感じる。**一方**、お金がある人は、お金を使うだけで済んでよかったと思う。

お金がない人は、なるべく、お金を使わずに済んでよかったと感じる。**それに対して**、お金がある人は、お金を使うだけで済んでよかったと思う。

比較と対比の違いは？

「**一方**」と「**それに対して**」は、よく混同して使われます。実際、右の文例を見ると、どちらでも意味はとれそうだし、一見、たいした差はなさそうです。

しかしながら、実は、両者には明確な違いがあります。なぜなら「**一方**」**は比較** comparison なのに対して、「**それに対して**」**は対比** contrast だからです。比較とは、互いに似たものを比べることです。それに対して対比とは、両者がまったく違うとか、反対の意味を持つ、ということを強調する。機能が全然違うのです。

接続詞	機能	説明
一方……他方……	比較	互いに似たものを比べる
それに対して	対比	比べることで両者の違いを強調する

実際、この表の直前の段落では「……のに対して」「それに対して」が基本的に使われ、「一方」はあまり使われていません。もし、この対比を次のように「一方」に書き換えたら、どんな感じがするでしょう?

「一方」は比較 comparison な**のに対して**、「それに対して」は対比 contrast だからです。比較とは、互いに似たものを比べることです。**それに対して**対比とは、両者がまったく違うとか、反対の意味を持つ、ということを強調する。機能が全然違うのです。

「一方」は比較 comparison ですが、**一方**、「それに対して」は対比 contrast だからです。比較とは、互いに似たものを比べることです。**他方で、**対比とは、両者がまったく違うとか、反対の意味を持つ、ということを強調します。機能が全然違うのです。

前者では違いがくっきりとしているのに、後者ではそれが薄まって、何だかぼんやりした二つが並んでいるという印象になります。

これは**「一方」や「他方」という接続詞が、ある一つのものごとの一部である、いくつかの側面に言及する役目を果たしている**からです。「一つのものごと」であるという前提は動かないので、いろいろな側面は指摘できても、二つのまったく違ったものごとにはなりにくいのです。しかし、「**それに対して**」は、比べられた二つが、たとえば白と黒のように、対立する「二つのものごと」であることを表します。

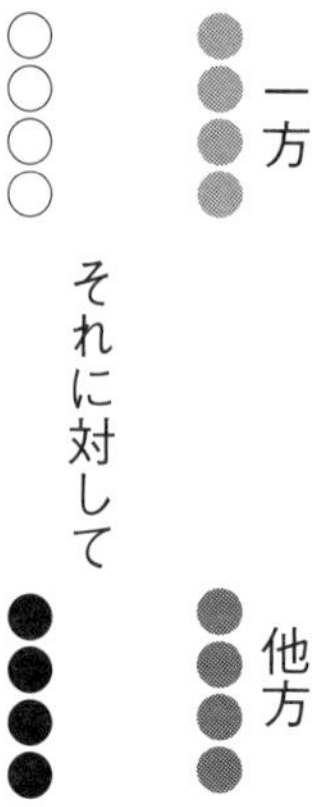

だから、両者のあり方は、まったく違うのです。冒頭の文章に少し言葉を補って、次のように書き直してみましょう。両者の違いがより明確になりませんか?

お金がない人は、なるべく、お金を使わずに済んでよかったと感じる。**一方**、お金がある人は、お金を使うだけで済んでよかったと思う。どちらもお金にこだわるのは**同じなのだ**。

お金がない人は、なるべく、お金を使わずに済んでよかったと感じる。**それに対して**、お金がある人は、お金を使うだけで済んでよかったと思う。大切なのはお金か、問題の解決なのか、この感覚の**差は大きい**。

つまり、比べられる二つのものが、結局は似ていると言いたいのか、それとも反対の内容であると言いたいのかで、使うべき接続詞が変わってくるのです。もちろん、このような短い文例では、両者を取り替えても、意味の紛れはそれほど生じないかもしれません。「一方」と「それに対して」を取り替えて書き直してみましょう。

お金がない人は、なるべく、お金を使わずに済んでよかったと感じる。**それに対して、**お金がある人は、お金を使うだけで済んでよかったと思う。どちらもお金にこだわるのは**同じなのだ**。

お金がない人は、なるべく、お金を使わずに済んでよかったと感じる。**一方**、お金がある人は、お金を使うだけで済んでよかったと思う。大切なのはお金か、問題の解決なのか、この**差は大きい**。

それでも「それに対して」と「同じ」が組み合わされ、「一方」と「差が大きい」が一緒にされているので、表現の目指す方向が行ったり来たりして、何となく煩雑に感じられます。微妙な違いなので、「別にこれでもいいんじゃないの」と言い出す人も出てきそうですが、違いは厳然としてあるのです。

なぜ混同されやすい

ただ、このように「一方」と「それに対して」が混同されやすいのは、比較や対比を表す文の構造にも理由があります。比較や対比は二つのものを比べるのですから、いずれにしろ、比べられるもののどこかに共通な部分がなくてはなりません。

実際、赤と黄色を比べるには同じ「色」である必要があるし、三角と四角を比べるには、同じ「形」でなければなりません。それに対して、赤と四角は「色」と「形」で共通性がないので、比べることはできません。「どう違うか？」と述べるには、そもそも同じ要素を持っていなければならないのです。

共通性	相違
お金	ない／ある
何が「よい」とされるか	お金を使わない／お金だけで解決する

たとえば、冒頭の文例なら、右のように「共通性」と「相違」が分けられます。「お金」という共通の要素に対して「あるかないか」で分け、「何をよいと思うか」という共通の要素に対して「お金を使わない」「お金を使うだけ」という違いを述べるわけです。

このように、比較・対比をするには、「共通性」と「相違」の双方の要素が必要になるのですが、**共通性を強調したいなら、接続詞が「一方」**になるし、**相違を強調したいなら**

「それに対して」になるという違いなのです。

はじめは厳密に使う

どちらに焦点を置きたいのか、どちらを強調したいか、で使い方が変わるだけで、文の構造はよく似ています。それでも、語自体の持つニュアンスの違いは厳然として存在するので、正確に使うべきであることに変わりはありません。その場その場の意味の上では、どっちを選んでもさほど違いが感じられなくても、積もり積もると文章が迷走することにもなりかねないからです。その意味でも、**「一方……他方……」と「それに対して」はハッキリ区別して使えるようにした方がいい**のでしょうね。

【まとめ】

「一方……他方……」は似たものを、「それに対して」は違ったものを並べる

類似と相違のどちらを強調するかで比較と対比の使い方は決まる

長い文章では両者を混同すると、次第にあいまいになる

冷静な「むしろ」と挑発の「それどころか」

社会が安定することは、いいことばかりではない。**むしろ**、経済の停滞を生む温床になるのだ。

社会が安定することは、いいことばかりではない。**それどころか**、経済の停滞を生んで、社会を破壊しかねないのだ。

二つを比較して判断する

「むしろ」と「それどころか」もよく似ています。冒頭の文例では、この二つは、ほぼ交換可能です。これらの接続詞は、二つの内容・表現を比べて「こちらの方がいい／正しい／実態に近い」などと、良否や優劣を比べて判断するときに使われます。どちらを使っても、ほぼ同じような意味を表します。

実際、冒頭の文例では、「むしろ」を使って「いいことばかりではない」といういくぶん控えめな表現と「経済の停滞を生む」とちょっとドキッとするような「まずい」状態の両方を並べ、しかも、後の「停滞を生む」という刺激的な表現の方がより的確な言い方であると言っているわけですね。

これは、前項で取り上げた比較のバリエーションと考えることもできます。とりあえず、わかりやすく受け入れやすい言い方から、より正確かもしれないけど、ちょっと受け入れにくい表現に変化させ、しかも、その「受け入れにくい抵抗がある表現」の方が、実は実情に近いんだ、と主張するわけです。

違いはどこか?

このような「受け入れやすい言い方」から始めて、それに続く「やや抵抗がある表現」をも受け入れやすくするという点では、「それどころか」もよく似ている感じがします。でも、次の文例を注意深く読んでみると、この二つの間にもちょっと違いが見えてきませんか?

社会が安定するということは、現在ある階層を固定化させることでもある。**それどころか**、経済を停滞させることとさえ、一種の安定と考えられるのだ。

社会が安定するということは、現在ある階層を固定化させることでもある。**むしろ**、経済を停滞させることとさえ、一種の安定と考えられるのだ。

右の方は、まったく問題ない表現でしょう。たしかに「安定」は「固定化」と考えられるし、それが「停滞」とつながるのも、ちょっと飛躍を感じつつもわからないではない。しかし、左の方は同じような表現なのですが、さらりと言われているわりには「経済を停滞させること」が、右の文章より、しっくりこない感じがします。「え、なぜ、そういうことが言えるの？」と、ツッコミを入れたくなる。この文脈なら「それどころか」がずっと似つかわしい感じがします。いったいなぜでしょうか？

「それどころか」は挑発

同じく、二つの事柄を「比較して判断する」接続詞であっても、「それどころか」は、

「むしろ」に比べて、やや激烈な内容からスタートすることができるし、そのような始め方がふさわしい表現です。最初の「社会の安定は、階層を固定化させる」だけでも十分意外な内容で、ドッキリするのに、接続詞「それどころか」の後は「経済を停滞させる＝安定」という、さらにドッキリを加速させるような発言が続いています。「ドッキリに次ぐドッキリ」をねらう急加速の表現とも言えましょう。

つまり、「むしろ」は、控えめな表現から始めて、後でややドッキリの発言につなぐのに対し、「それどころか」は、最初からスタートダッシュをかまして、そこから、さらに心臓をドキドキさせるような挑発的な発言につなげるわけです。「それどころか」の方が、聞く人・読む人を刺激する度合いが高いのですね。

接続詞	つなぎ方	ニュアンス
むしろ	控えめ↓ドッキリ	クール
それどころか	ドッキリ↓さらにドッキリ	挑発的

読者との関係の結び方

私事で申し訳ないのですが、私は、大学院の教授から、よく「お前の論文は挑発的

provocative だ」と評されました。要するに「大風呂敷を広げるタイプだ（笑）」というのですが、これには「刺激的な内容だ」という肯定的な意味合いも混じっていました（と、私は今でも信じています）。

　文章を書くという行為は、読者との関係をつけることでもあるのですが、その関係づけの仕方には「最初に一発かませて、ビックリさせる」スタイルと、「最初は静かに始めて、次第に話を大きくしていく」スタイルがあります。どちらがよりいいというのではなく、どちらも戦略として「あり」なのです。

　その意味で言うならば、「むしろ」と「それどころか」の違いは、比較かどうかということではなく、比較がどのレベルから出発するか、結末をどれだけ挑発的にするつもりなのか、という書き手の態度によって決まるわけです。それがわかる文例を紹介しておきましょう。

　一緒に食事をした後に、女性に割り勘で払おうと提案する男性は心底許せない。**むしろ**、「あたしを馬鹿にしているのか？」と殴りたくなる衝動に駆られる。

一緒に食事をした後に、女性に割り勘で払おうと提案する男性は心底許せない。**それどころか、**「あたしを馬鹿にしているのか?」と殴りたくなる衝動に駆られる。

ずいぶんな文章ですね。「何言っているんだ、この女は!」と怒り出す男性諸氏がいらっしゃるかもしれません。もちろん、これを書いた人が本当にそういう人柄であるかどうかは別問題です。むしろ、あえて挑発的な物言いをして、読者の注意をぐいっと引きつけるという文体の工夫と見るべきでしょうね。反感を買っても「タカビーな女性」という「よくあるキャラ」を演じて、注目されればそれでいいのですから。

この場合は「むしろ」でも意味は通るのですが、やや冷静に過ぎる感じがします。「割り勘は許せない!」とかましている時点から、すでに「この男、何てバカヤローなんだ!?」と逆上しているスタイルなのですから、「それどころか」という接続詞を使用して、さらに高飛車にすべきでしょう。そうすれば、より爆発的な表現になって面白いでしょう。

違いをわきまえる

このように、意味がよく似ていて、いつでも交換可能なように見える接続詞にも、よく観察すると、ちゃんと意味上の違いがあることが多いのです。その違いがきちんと区別できない人は、正確なニュアンスで文章を書くことができないし、クリアな印象を与えることもできません。「どっちでもいいじゃない!!」と簡単に放り出さないで、どんな風に使い分けられているのか、丁寧に感じ分ける必要がありそうですね。

【まとめ】
「むしろ」は控えめから激しく、「それどころか」は激しくからより激しく
どちらの戦略にするかは、読者との関係の取り方で決まる
交換可能に見える接続詞にも、意味上の違いはある

「ただし」は前、「しかし」は後が大切

私はずっと正しいことをしていると思っていた。**しかし**、それは間違いだった。
私はいつも正しいことをしようと心がけている。**ただし**、そこに小さな間違いがなかったとは言えない。

逆接の意味だけでは不十分

「しかし」と「ただし」は、両方とも逆接の接続詞です。「逆接」とは、接続詞の前後で、反対または逆の内容が書いてある、という意味です。反対語は「順接」で、前後で似たような内容が書いてあるという状態ですね。

冒頭の二つの文例は両方とも逆接ですが、意味は微妙に違っています。前の文例は、前文は「思っていた」と完了になっているのに対して、左の文例では「心がけている」と現

在進行中の事態を表す表現になっているようです。つまり、今でも「正しいことをしよう」という気持ちは変わっていないわけです。それに対して、右の文例は「正しいことをしている」という思いは、どうやら、もう終わってしまっているようです。

前後のどちらがより重要か？

この二つの区別は簡単です。接続詞の前後にある内容の、どちらが大切なメッセージになるか、で考えればいいからです。**「ただし」では、前の内容が大切なのに対して、「しかし」では、後の内容の方が大切になる。**図式的に描くと、こんな感じでしょうか？

大切
●●●● **ただし** ●●●●

●●●● **しかし** ●●●●
大切

別な言い方で言うと、「しかし」を使うと「間違っていた」が主な伝えたい内容なのに対して、「ただし」を使うと「正しい」の方が伝えたい内容になるのです。

補足の接続詞？

そんなわけで、「ただし」の方は「補足」を表す接続詞であり、「逆接」ではない、というとらえ方をしている人もいます。前に書いていない内容を、後から補う役目になる、というわけですね。

ただし（！）、前に書いていない内容とは、たんに書き忘れた内容ではなく、前の表現では言い切れなかった内容でもあるので、その中身は、限りなく前にあるものと反対・逆の内容に近くなります。だとすれば「逆接の接続詞」ということで、これら二つをひとくくりにして、たんに前後の重要度の軽重で区別してもいいはずです。

このような分類法の利点の一つは、主なメッセージがどこにあるか、一目で明確にすることができるところにあります。実際、半分は読まなくても、メッセージ内容は推測がつくわけですから、速読にも役立ちますね。

逆接の重複・連続の危険

当然のことですが、「しかし」については、とくに重複・連続しないように気をつけなければなりません。たとえば、次の文章を見てください。主なメッセージはどこにあるのでしょうか？

私はずっと正しいことをしていると思っていた。**しかし**、それは誤りだった。私はたくさんの間違いを重ねていたのだ。**しかし**、間違いは大きくなかったとも言える。

図式化すると、次のようになります。

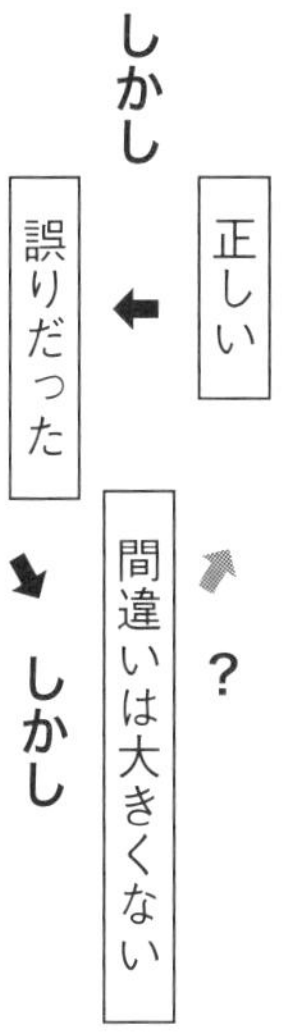

こうなると、「私」は「過去にしでかした間違い」を反省しているのか、それとも、たいして気にしていないのか、さっぱりわからなくなります。こういう書き方をしてはいけません。メッセージが循環してあいまいになるので、**「しかし」は連続して使用すること**

はできないのです。もし自分の「しでかした間違い」を、結局のところ肯定しているのなら、次のように書くべきです。

●●●●●●●

私はずっと正しいことをしていると思っていたが、実は、たくさんの間違いもしでかしていたらしい。**それでも、**それらの間違いが大きくなかったから、こうして何とか生きていられるのだ。

「……が」と「それでも」と逆接が二度使われていますが、前者の語感がごく軽いのに対して、後者の方がより長くて「重い」接続詞であるため、「……が」の後より、「それでも」の後の方が強調されます。その結果、肯定感の方が言いたいことの中心であることが伝わるのです。

強調表現を逆接で受ける

逆に「間違い」の方を強調したいのなら、このような書き方もあります。

たしかに、私はずっと正しいことをしていたと思っていた。**しかし**、本当は間違いもたくさんしでかしていたようだ。それらの被害が大きくなかった**としても**、その責任は逃れられるものではない。

はじめに、強調の「たしかに」を出して、それを逆接の「しかし」でひっくり返します。すでに強調されているだけに、その後の逆転が鮮やかに印象づけられ、結局後にメッセージの中心が移ります。これは「譲歩の構文」と呼ばれます。それを、さらに「……としても」で再度ひっくり返して、結論はやっぱり「責任は逃れられない」になる。こんな風に、逆接の連続はけっこう手続きが多くなります。

【まとめ】

「しかし」は後が大切、「ただし」は前が大切な逆接
「しかし」は、重複・連続させない
後を強調するには「たしかに……しかし……」の譲歩の構文も有効

対比を使えば、変化が表せる

踊りでは、欧米のバレエが手本とされ、日本人の身体も「足が短くてバレエに向かない」と言われた。**だが**、日本独自の身体性が注目され、舞踏などのスタイルが生み出されたことで、欧米から、そのオリジナリティが評価されるようになった。

かつて、踊りでは、欧米のバレエが手本とされ、日本人の身体も「足が短くてバレエに向かない」と言われた。**だが、次第に**日本独自の身体性が注目され、舞踏などのスタイルが生み出された。**その結果**、欧米から、そのオリジナリティが評価されるようになった。

変化を記述する意味

時間や変化は「諸行無常」「万物流転」とも言われ、「ものごとが同じ状態にはなく、すべて移り変わる」ことなのですが、変化の方向を予想して、それなりの対策を立て、その結果をよいものにしようとするのも人間の常でしょう。

そもそも、現在がどういうものかを理解するにも、過去を振り返らねばなりません。たとえば、転職時には自己ＰＲしなければなりませんが、そのために書くのは、まず「私は今まで何をしてきたか？」です。そこから「今どんなスキルや技術があるか？」が述べられ、その会社で「将来、何ができそうか？」も出てきます。一方「御社は……の方向に発展しつつある」と書けば、「私のような人材は役立つはずだ」と言えます。

あるいは、業績報告書はどうでしょう？　「××年までは、この事業は比較的低調であったが、その後、取引量が伸び始めた。現在では……にまでなっている。将来もこの事業は堅調に推移すると思われる」など。このように、過去・現在・未来を一つのストーリーとして描くのは、日常生活でも必須の技術です。

変化は対比で表せる

では、変化はどうすれば表せるのでしょうか？　ちょっと意外なことですが、**変化の表現の基本は対比**です。「はじめは～だったが、最後には……になった」と言うとき、「～」

と「……」に入るのは対義語ないし対義表現、つまり、反対の意味を持つ内容なのです。それを対比の接続詞「それに対して」とか、逆接の接続詞「しかし」でつなぐのではなく、「**まず**～だったが、**次に**……になった」とか「**はじめは**～だったが、**最後には**……になった」などとつなげば、変化と言われるだけ。つまり、変化の本質は対比なのです。

違いを強調する

考えてみれば、**変化を明確に表すには、変化の前と後とが違っていればいるほどいい**はずです。だから、ダイエット機器の宣伝などでは、使用前におなかがぽっこり膨らんだ写真を使用し、使用後ではおなかが引き締まった写真を並べるのです。「膨らんだ」と「引き締まった」という反対のイメージを並べて対比して「ずいぶん変わったでしょう⁉」と印象づけるのです。

つまり、変化とは対比（コントラスト）であり、**変化を印象づけるためには、極端に反対の内容を並べればいい**のです。ただ、そのつなぎで「最初は～だったが、最後は……になった」とか「まず～だったが、次は……になった」などと時間や順序を表す表現を使えばいいだけなのです。

まず●●●● ➡ 次に●●●●
最初は●●●● ➡ 最後は●●●●

変化を強調しすぎる誤りに気をつける

ただ、変化の表現は簡単なのですが、あまりにもお手軽に使えるために、現実の違いが過大に表現されがちな欠陥があります。よく考えないままに対比で書くと、過去と現在とが極端に違って感じられる。次の文章を見てみましょう。

昔の日本は大家族制であったため、子供に対しては、父母だけでなく、祖父母・叔父叔母（伯父伯母）などたくさんの人の目が注がれており、しつけも十分行われていた。それに対して、**現代では**核家族になったために、子供に対する注目が少なくなり、しつけの荒廃が見られるようになった。

昔と現在が比べられて、大家族 vs. 核家族、たくさんの人の目 vs. 注目が少ない、十分なしつけvs.しつけの荒廃、などと対比の項目が重ねられ、現在の子供のしつけはダメだ、と言われています。一見、何の問題もないようです。

でも、この対比は本当でしょうか？　ちょっと考えるだけで、疑問が湧いてきます。たとえば、大家族制だから、子供にはたくさんの人の目が注がれるというのですが、家族が多いなら、父母の目は子供だけでなく、祖父母・叔父叔母（伯父伯母）の方にも向けられるはずです。子供に注意を集中しようとしても、祖父母・叔父叔母（伯父伯母）との人間関係を優先させなければならず、十分注意することができない、などということは封建的な家族なら、十分ありそうなことです。とすれば、むしろ、そういう人間関係が少ない核家族の方が、子供に集中が向いて、しつけは十分なされるのではないでしょうか？

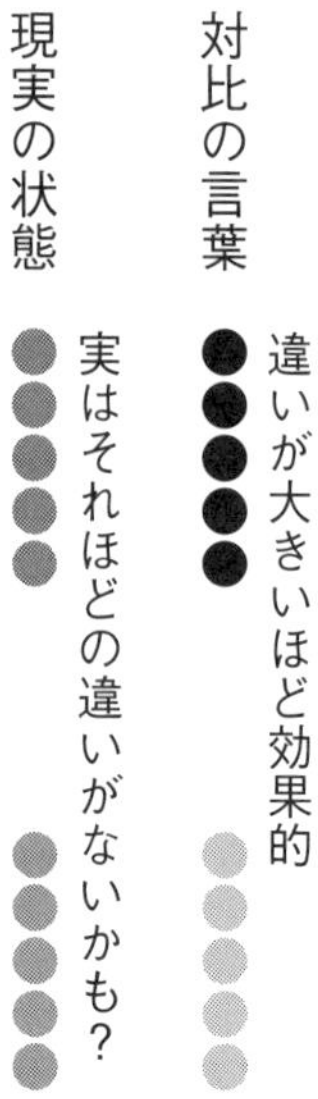

実際、ある教育社会学者は「現在の方が子供のしつけは行き届いている」と主張しています。なぜなら、核家族では人間関係が「親―子供」だけになるので、親が子供にかける時間が増大し、当然、しつけにも熱心になるからです。

もちろん、ここでは、どちらの主張が正しいか、はどうでもいいことです。ただ、対比で変化を表す形式はあまりにも簡単なので適当な反対語を持ってきて時間の表現とともにつなげば、もっともらしく見える。どんなことでも言えるので、よほど内容を吟味しないといけません。よく歴史や伝統の「捏造《ねつぞう》」が言われますが、**変化を表現する形式には、そもそもモノゴトの違いを過大に表現する仕組みが組み込まれています**。気をつけたいですね。

【まとめ】

変化を表すには、対比と順序の組み合わせを利用する

過去・未来は、現在の反対として意味づけられる

形式が簡単なので、事実が誇張されやすい

コラム1

新しい接続詞「なので」に注目する

さらりと論理的接続を表す

最近、若い人の文章でよく見かけるのは「なので」という接続詞です。軽めの論理的接続という感じで使われています。たとえば次のような表現です。

日本は「経済大国」と言われるが、一人あたりのGDPはイタリアと同程度にすぎず、先進国中で最低レベル。**なので**、日本は豊かであるとは言えない。

ふつうなら、次のような書き方になるでしょう。

日本は「経済大国」と言われるが、一人あたりのGDPはイタリアと同程度にすぎず、先進国中で最低レベル。つまり、日本は豊かであるとは言えないのだ。

このように「つまり……のだ」を使うと同じ意味になるのですが、語感はずいぶん違いますね。「つまり……のだ」は、上から決めつける感じが強い。「何でこんなことがわからないんだ？　バカじゃないの!?」などという軽蔑の声も聞こえそうですね。でも「なので」だと、なぜか、そういう感じにならない。淡々と理屈をつないでいるような雰囲気になる。

強制性を感じさせない

そもそも「論理」とは、必ずそうなるに決まっている「ことわり」なので、必然性がつきものです。だから、論理には「有無を言わさず」とか「強制的」というニュアンスがつきまとう。そのせいかもしれませんが「論理的になれ」とはよく言われるのですが、実際に「論理的」な言葉を使うと、嫌がられることが多いようです。「つまり……つまり……」と相手を追い込むと面倒くさがられ、「だから……だから……」とつなげると、自己主張が強すぎると敬遠される。

それに対して「なので」には、そういう押しつけがましさが、比較的少ない。これは、たぶん「なので」の「な」が、もともと「キレイだ」とか「最低だ」などの形容動詞「……だ」の語尾にあたるので、前の述語との結びつきが強いせいでしょうね。だから、前の文を読んでいるうちに、するりと次の文の内容に入ってしまう。「自然にこうなっちゃうんです」というようなニュートラルな形で、抵抗感なしに論理的な流れを作れる。便利な接続詞が出てきたものです。

ただ、今のところ、会話ではよく使われても、文章への定着度は今一つなので、「なので」を使った答案では、別なものに差し替えるよう、私はアドヴァイスしていますが、ちょっと残念な気持ちもあります。「理屈っぽすぎて、相手の気持ちを損ねるかもしれない」などといちいち心配しないでも、さらりと論理性や必然性を表す接続詞が出てきたということは、日本語にとって、けっして悪いことではないはずです。

私の勘では、きっと十年後には、「なので」はもっと正式な接続詞として認知され、文章でも使われるようになっているでしょう。本文でもちょっと触れましたが、洋の東西を問わず、接続詞は、他の言葉の転用から作られていることが多いからです。英語でも「それゆえ」therefore は there + for(e) ですし、逆接の however もどう見たって how + ever です。同様に、形容動詞の語尾「な」と接続助詞「ので」の組み合わせも、独立した接続詞に昇格するのはある意味、自然なことかもしれません。その変化のプロセスに今立ち会っているかもしれない、と添削をしながら、実は一人でワクワクしているのです。

第4章　例示と説明をくっきりさせる

「なぜなら……のである……たとえば」は三点セット

> 原発は再稼働すべきではない。**なぜなら**、いったん事故が起きると手がつけられないからだ。周囲が放射能で汚染され、人間は立ち入れず、結局、十分な処置ができなくなる**のである**。**たとえば**、福島では津波により電源喪失が起こったが……

自分の述べたことを聞いてくれたり、読んでくれたりする人を「ああ、なるほどね」と思わせるためには、いくら熱意をもって書いたりしゃべったりしても無駄に終わることが多いようです。

私は、文章を書く仕事をする前は、演劇に関わっていましたが、そこで得た大切な教訓とは「熱弁をふるうだけでは、他人は聞いてくれない」ということでした。一生懸命話せば話すほど、熱心に説き伏せようと思えば思うほど、他人は「ひいて」しまう。熱意をアピールしても、あまり効果はないのです。

事実の迫力で印象づける

同様に、文章でも、いくら強調表現を使っても、読者はさほど強い印象を受けません。たとえ、「とても」「すごく」「非常に」などを連発して語勢を強めても、ほとんど強調の効果はありません。その人が力んでいることを感じて、聞き手は「しらける」だけです。**文章では、強調表現を使ってもさほど効果はない**のです。

むしろ、強調するには、理由と説明と例示の三点セットをそろえることが大事です。つまり、主張の後に「なぜなら」と理由が述べられ、それをくわしくわかりやすく言い換える部分が続き、それから「たとえば」で具体的な事実を述べる。

	❶理由		❷説明		❸例示
納得させる書き方 ＝	なぜなら……	＋	……のである	＋	たとえば……

いわば、理屈（理由＋説明）と感情（例示）の両面から、相手の気持ちを揺さぶっていくのです。起こったことを、そのまま伝える。本当にすごい事件であれば、事実自体に迫力があるので、それらの側面を冷静に伝えるだけで、他人が自然に「なるほど」と思える

ようになります。淡々とした語り口を選んだ方が有効であることが多いのです。

「説明」の役割と内容とは?

こんな風に言うと、必ず質問が出ます。「理由と例示がどういうものか、はわかるのですが、説明って一体なんですか?」と。

たしかに「説明」つまり言い換えのところの説明は難しい。なぜなら、理由は「なぜなら……からである」、例示は「たとえば」「実際」など特有の接続詞が先に立つので見分けやすいのですが、説明のところでは、そういう特有の接続詞が存在しないからです。だから、ここからここまでが「説明」だと言いにくい。

機能	接続詞
理由	なぜなら……からだ
説明	(……のである/わけである)
例示	たとえば、実際

「説明」とは、理由に書かれてある内容を、よりわかりやすく筋道を立てて、あるいはメカニズムをいちいち明らかにしながら、**「どのように」**とか**「どのくらい」「どうして」**な

ど、読者からの疑問に答えつつ言い換えることです。

冒頭の文章なら、理由「手がつけられないから」に対して、「どのように、手がつけられないのか?」「どうして、手がつけられないのか?」という疑問に対する答えを明らかにしつつ、より聞き手や読み手が納得しやすい形に変換していくことです。

手がつけられない

←**どうして?**

周囲が放射能で汚染される（から）

←**どのように?**

人間が立ち入れない

←**結果として**

十分に処置できない（のである／わけである）

←

なるほど、そういう事情なら認めるほかないな……

つまり、「周囲が放射能で汚染されるから」（「どうして」に対する答え）、「人間は立ち入れず、結局、十分な処置ができなくなる」（「どのように」に対する答え）と、予想される疑問にあらかじめ答えることで、「手がつけられない」をより納得しやすくしているわけです。

説明は言い換えである

大切なのは、この内容が、すべて言い換え・変形でできていることです。「汚染される」とどうなるか、どんな対応が可能なのか、次々と追っかけていって「手がつけられない」というところにまでたどりつく。

そうすれば、読者も「こういう事情があったのか。それなら、仕方がないかもしれないな」という方向に否応なく引っ張られます。つまり「そこまでなるのなら、仕方がない」という**必然性を示すのが「説明」の役目**になるわけです。

論理とは、そもそも、こういう言い換えでできているので、論理的文章では、言い換えは一番普通のつなぎ方と言ってもいいでしょう。とすれば、いちいち接続詞を補って「こういうつなぎ方なのです！」と宣言しなくてもいい。だから、説明のときは、特別な接続詞をつける必要はなく、接続詞なしでつなげるのです。

もちろん、論理性を強調したい場合には「つまり」「すなわち」などを使ってもかまわないのですが、それは文章が論理的かどうか必ずしも明確ではないとき（たとえば物語・記録など事実の叙述をする場合）などに使われることが多いのです。

通常の説明	言い換えを強調する
接続詞はいらない	つまり、すなわち

「のである」は文末の接続詞？

この「説明」を表す表示は、前にも言ったように「……のである」です。「……からだ」を理由を表す文末の接続詞だという言い方をする文法学者もいるので、もしかしたら、この「……のである」も文末の接続詞と言えるかもしれません。つまり、「……のである」と書いてあれば「ここは説明だ！」とすぐわかるし、逆に、あまり「……のである」を文末に使いすぎると、文章が妙に説明口調になる、というおそれもあるのです。

【まとめ】

文章では「とても」「非常に」などの強調表現はあまり役に立たない

理由「なぜなら」、説明「……のである」、例示「たとえば」の三点セットを使う

説明のときは、接続詞はいらない。「……のである」で表せる

「たとえば」と「実際」の相互乗り入れ

原発は再稼働すべきではない。いったん事故が起きると手がつけられないからだ。**たとえば**、福島では電源喪失が起き、周囲が放射能で汚染された。汚染土壌を剝ぎ取ったが、その処理が決まらないまま野積みされている。その処理をどうするか、未だに決まっていない。

原発は再稼働すべきではない。いったん事故が起きると手がつけられないからだ。**実際**、福島では電源喪失が起き、周囲が放射能で汚染された。汚染土壌を剝ぎ取ったが、その処理が決まらないまま野積みされている。その処理をどうするか、未だに決まっていない。

さて、例示に使う接続詞で、一番普通なのは「たとえば」「実際」です。理由や説明に添えて、直観的・具体的に主張を支える、という役割を果たします。よく「例を挙げると」とか「……という例がある」などと複雑な書き方をする人もいますが、「たとえば」あるいは「実際」と一言述べればすむので便利ですね。

例示は人の気持ちを動かす

主張だけでは「そうか、なるほど！」と言ってはもらえません。その主張を支える根拠が必要です。根拠を導く接続詞は、まず「なぜなら……からだ」です。これは「なぜ、キミの言うことが正しいのか？」という疑問への直接の答えです。しかし、理屈だけでも読者の気持ちは動きません。心の中で生き生きしたイメージが湧かないからです。たとえ「事故が起きると手がつけられない」と主張しても、「そんなこと言っても、たいしたことにはならないだろう」と感じられたら、とても同意は得られません。

そこで「手がつけられない」という理由を持ち出した後に、福島の「放射能汚染……野積み」という強烈なイメージを述べ、ついでに写真でも貼りつけておきます。あのビニール袋の山を見れば「これじゃ、すぐ破れて放射能が飛散するよな」と感じるでしょう。写真がなければ「薄いビニール袋に……」などと細かく描写する。その迫力で、再稼働賛成派も「原発は再稼働すべきではない」と認めざるを得なくなる。

このように、**例示は具体的イメージを提示して、主張がなぜ正しいか、を気持ち的に納得させる**役目を果たします。その例示を導入するときに使われるのが「たとえば」「実際」なのです。

両者の違いは何か？

では「たとえば」と「実際」の違いはどこにあるのでしょうか？　実は、あまり違いはありません。冒頭の二つの文章も、読んでみれば、その感じにあまり違いはないのがわかるはずです。つまり、「たとえば」と「実際」は交換可能なのです。

ただし、違いがあるとすれば、「たとえば」が「たとえ」という言葉を元にしていることでしょう。つまり「たとえば」が「たとえ話」つまり、比喩でも使うことができる、というあたりが違います。

原発は危なすぎる。**実際**、爆弾の上に全生活がのっかっているようなものだ。
原発は危なすぎる。**たとえば**、爆弾の上に全生活がのっかっているようなものだ。

この「たとえば」以下は、たしかに具体的イメージになっていますが、現実の姿そのものではありません。写真ではなく、ヒトコマ漫画のようなイメージでしょう。ここに「実際」は使いにくい。「実際」は「実」という字があるのですから、あくまでも現実に起こったことに対応させた方がよいのです。

使い分けの例

もちろん、微妙な使い分けも可能です。私自身、例示するときは、まず「たとえば」で始めておいて、さらに詳細に事例やデータを示したくなったときには「実際」を使って、例示を重ねるという書き方をよくやります。

原発は再稼働すべきではない。いったん事故が起きると手がつけられないからだ。**たとえば**、福島では全電源喪失が起き、周囲が放射能で汚染された。汚染土壌を剝ぎ取ったが、その処理が決まらない。**実際**、無造作に野積みされているだけなので、もしビニール袋が破けたら、確実に放射線が漏れるだろう。

この場合「実際」以下は、「たとえば」で始めた「汚染土壌の剝ぎ取り」という処置を、さらにありありと描写する部分になっています。だから「実際」という現実を表す接続詞がピッタリなのです。この場合、接続詞を逆に使うと、つながりがぎごちなくなります。

原発は再稼働すべきではない。いったん事故が起きると手がつけられないからだ。**実際**、福島では全電源喪失が起き、周囲が放射能で汚染された。汚染土壌を剝ぎ取ったが、その処理が決まらない。**たとえば**、無造作に野積みされているだけなので、もしビニール袋が破けたら、確実に放射線が漏れるだろう。

ただし、さらなる描写のところは、同じ例を二文で表したとも言えるので、わざわざ「実際」を使わなくてもいいかもしれません。

原発は再稼働すべきではない。いったん事故が起きると手がつけられないからだ。**たとえば**、福島では全電源喪失が起き、周囲が放射能で汚染された。汚染土壌を剝ぎ取ったが、その処理が決まらない。無造作に野積みされているだけなので、もしビニール袋が破けたら、確実に放射線が漏れるだろう。

論理的文章では、例示をいくつも並べるのは得策ではありません。それより、**一番目立った例を一つだけ提示し、くわしく描写**した方が、ずっと印象が強くて効果的です。例示する場合は「どういう例を選んだらいいか？」に注意を集中すべきで、例をいくつも並べても、印象が薄くなり、散漫になるばかりです。その意味でも「たとえば」「実際」の使い分けはあまり重大ではないのです。

【まとめ】

例示は、読者のイメージに訴えて気持ちを動かす

例が続く場合は、「たとえば……実際……」が便利である

例はいくつも出さず、典型例を出す

「とくに」で例に優先順位をつける

> 地震のメカニズムは、実はまだよくわかっていない。**たとえば**、熊本地震では常識を覆すことが起こった。**実際**、最初の大きな揺れの後、次の日にさらに大きな規模の地震が起こったために、そちらが本震になったのは驚きだった。
>
> 地震のメカニズムは、実はまだよくわかっていない。**たとえば**、熊本地震では常識を覆すことが起こった。**とくに**、驚きだったのは、最初の大きな揺れの後、次の日にさらに大きな規模の地震が起こったために、そちらが本震になったことだ。

「そして」と「また」くらいしか接続詞が使えないのは論外ですが、ちょっと接続詞が使えるようになっても、例示や説明では、けっこう迷うことが多いものです。説明では接続詞なしでも押し通せるのですが、例示が続くとそうもいきません。前節で説明した「たとえば」や「実際」が例示の代表的な接続詞なのですが、そればかり使って書くと、どうしても単調な感じになりがちです。

複数の例を示す場合

たとえば、冒頭の文例では、第一文の「地震のメカニズムは、実はまだよくわかっていない」は一般的な説明ですが、第二文は「熊本地震では」と固有名詞が入るので例示になります。だから、第二文の前には「たとえば」が入るでしょう。さらに、第三文「最初の大きな揺れの後……」のも例示ですから、「たとえば」が使えます。でも、同じ接続詞を二度重ねて使うわけにはいきません。

では、前節で説明したように「実際」でつなぐのはどうでしょうか？ これも、何となくしっくりきませんね。「実際」でつなぐときは、「実」の字があるだけに、データ的な情報がちりばめられている方が適切だと、前に言いました。でも、ここでは「驚き」という感情が入っているので、何となく合わない感じがするのです。「実際」は感情面より、データをくっきり強調する方がピッタリきます。この説明を、次の三つの文例を比べることで確かめてみましょう。

×地震のメカニズムは、実はまだよくわかっていない。**たとえば**、熊本地震では常識を覆すことが起こった。**たとえば**、最初の大きな揺れの後、次の日にさらに大きな規模の地震が起こったために、そちらが本震になったのは驚きだった。

↓

△地震のメカニズムは、実はまだよくわかっていない。**たとえば**、熊本地震では常識を覆すことが起こった。**実際**、最初の大きな揺れの後、次の日にさらに大きな規模の地震が起こったために、そちらが本震になったのは**驚きだった**。

↓

○地震のメカニズムは、実はまだよくわかっていない。**たとえば**、熊本地震では常識を覆すことが起こった。**実際**、最初の震度5の揺れの後、次の日に震度6の地震が起こったために、そちらが本震とされたのは**今までになかった**ことだ。

右の最初の文例（×）では、「たとえば」が重複してかなりぎこちない印象になっています。しかし、二番目のように（△）、二つ目の「たとえば」を「実際」に変えても、うまくいきません。三つ目のように（○）、「実際」以下の情報を変えて、「驚き」をなくすと、はじめて「しっくり」くる感じがします。

「とくに」はイメージを強調する

こういうときに便利なのが第2章でも触れた「とくに」です。**「とくに」は、いろいろと説明・例示した中から、典型的な例や強調したい説明を抽出して述べるときに使います。**「今述べた説明・例示はこのケースで顕著である」という内容を表したいときに便利です。

「とくに」は、データを示すだけではなく、イメージをも一段強い形で提示して、強調するときに使われます。冒頭の文例では、「メカニズムがわかっていない」ことの例示として「常識を覆す」ことが起こった、という現実が書いてあります。さらに「常識を覆す」ことを典型的に表す事例として、「後から起こった地震が本震になった」例を出している。

こういう風に、例示構造の中に典型的な例を提示して、さらに明確化するときに「とくに」が使われるのです。イメージを強調するので、当然、感情も入れられるのです。

例示（より説明的）	典型例（より具体的）
たとえば……	とくに……

文例の第二文「常識を覆す」が、第三文では「驚きだった」という感情表現になって繰り返されています。つまり、第二文と第三文で述べていることは、実質的には同じ内容なのですが、第三文では感情を伴った、より迫力のある内容として出てくるわけです。これは、説明と例示の協力関係と似ていますね。同じ内容をより理屈っぽい形と、より感覚的な形で述べることで、言いたい内容が的確に伝わるわけです。

一般的説明	地震のメカニズムは……わかっていない
← **実際**	
大ざっぱな例	熊本地震では常識を覆すことが起こった
← **とくに**	
典型例	次の……地震が……本震になったのは驚きだった

説明と例示の区別は相対的

今まで、説明と例示はまったく違うものとして区別してきましたが、実は、この区別はそれほど明確なものではありません。例示の中にも、やや一般的な内容とより具体的で特殊な内容が出てくる場合があります。そういう場合に、この「たとえば」と「とくに」の組み合わせを使って書くと、うまく表現できるのです。

このように「たとえば……とくに……」と「たとえば……実際……」の間には微妙な相違があります。それをうまく使い分けられれば「多様な描写を操れる」という印象を与えられます。「文章のうまいへた」は、言葉の使い分けで評価されるわけです。

【まとめ】

「とくに」は例が重なって、典型例を出したい場合に使う

「実際」は例が重なって、データを提示したい場合に使う

文章のうまいへたは、多様な言葉を操れることで評価される

「したがって」は自然的、「だから」は主体的

日本では、ここ十年ほど、平均賃金が下がり続けている。**したがって**、消費も活発化しないのである。

日本では、ここ十年ほど、平均賃金が下がり続けている。**だから**、社会の閉塞感が強いのである。

論理的な文章では、前文の内容から自動的に後文の内容が予想できるようでなければなりません。読んでいるうちに、予想通りの内容が後から出てくるから「なるほど、これはロジカルだな！」と感じるわけです。「論理」はすべて予想通りの言い換えでできているのです。

もちろん、予想通りの内容が出てくるためには、言い換えるとき、いくつかの規則を守らねばなりません。たとえば「逆は必ずしも真ならず」とか「『すべて……である』を否定したら『……でないものもある』となる」とか。

それらの規則をきちんと守って言い換えれば、必ず「論理的な文章」になります。本書は「論理学入門」ではありませんので、どんな規則に従わなければならないか、については説明しませんが、とにかく、その規則に従えば「論理的」になるのです。

論理 ＝ 前文から後文が予想できる

規則を守った言い換え

論理展開の接続詞は多い

前述したように、言い換えを表すだけなら、接続詞は必要ありません。何のことわりもなく、前文にただ後文をつなげればいいのです。しかし、だからといって、言い換え、つまり論理展開用の接続詞は少ないわけではありません。それどころか、言い換えを表す接続詞はたくさんあるのです。基本的な意味が同じであるだけに、ニュアンスの違いをつけたくなるのかもしれませんね。

「だから」と「したがって」の比較

その代表は「だから」と「したがって」の二つでしょう。冒頭の文例を見てみましょう。前の文例の前文は「平均賃金が下がり続けている」、後文は「消費も活発化しない」です。誰だって、賃金はたくさん欲しいし、去年より今年、今年より来年の賃金が増えてほしい。ところが、その賃金の平均が下がり続けている。前の例文のように「消費も活発化しない」のは当然です。

ただし、後の文例では、前文は「賃金」という数字の話なのに、後文は「閉塞感」という感情の話になっています。たしかに、賃金が下がれば、「日本経済は、これからどうなるのだろう？　一生懸命働いても、生活はよくならないのか？」という「閉塞感」や行き詰まりを感じるでしょう。

ちょっと考えれば、前から後が出てくることはわかるのですが、単純な言い換えのように見えません。実際、次の文例❶のように接続詞を取ってしまうと「どうして閉塞感が生まれるの？」とツッコミを入れられるかもしれません。

❶日本では、ここ十年ほど、平均賃金が下がり続けている。社会の閉塞感が強い。

接続詞をつけたくないなら、むしろ、次の文例❷のように、内容を補って丁寧に説明する必要があります。逆に言うと、言い換えの場面でわざわざ接続詞をつけるのは、前文と後文の関係が一目で見て取れないときなのです。

❷日本では、ここ十年ほど、平均賃金が下がり続けている。生活レベルも上がらないので、社会の閉塞感が強い。

両者の違いは？

ただ、「だから」と「したがって」の間には多少違いがあります。冒頭の最初の文例では「平均賃金が下がる」ということから、「消費が活発でない」が出てくる状況をやや客観的に眺めている感じがしますね。それに対して、後の文例では「平均賃金が下がる」ことから「閉塞感」が出てくることに、語り手が怒りや嘆きを表現しているようにも読めます。つまり「だから」は、どちらかというと主体的な判断であるのに対して、「したがって」はどちらかというと客観的、あるいは自然的な経緯のニュアンスが出てくるわけです。

自然的な経緯の説明	主体的な判断
したがって	だから

日本の労働者の賃金が上がらないことに「けしからん！」と思っている場合は「だから」の方がいいだろうし、客観的に状況を把握しているだけなら、「したがって」でよいわけです。冒頭の文を「経営者目線」で書き換えてみましょう。

日本では、ここ十年ほど、平均賃金が下がり続けている。**したがって**、会社の負担も少なくなり、企業経営が楽な状況になっているのだ。

日本では、ここ十年ほど、平均賃金が下がり続けている。**だから**、会社の負担も少なくなり、企業経営が楽な状況になっているのだ。

「だから」を使った方が、「企業経営が楽」になった、さあこれから俺たち経営者は稼ぎどきだぞ、という「心のはやり」が感じられる……と言ったら、言い過ぎでしょうか？

使い分けに悩んだら「したがって」

ただ、両者の違いは微妙なので、使い分けにさほど敏感になる必要はありません。とりあえず、迷ったら「したがって」を使っておきましょう。「自然的」な述べ方なので、述べる人の姿勢がとくに問題にされないからです。「主体的な判断」を強調したかったら、接続詞以外にもいろいろな方法があります。選択に悩んでも、その悩みに見合うほどの効果は期待できないのです。

【まとめ】

論理を表すつなぎは「だから」「したがって」で表せる

「だから」は感情が、「したがって」は冷静さが出やすい

違いは微妙なので、迷ったら「したがって」を選ぶ

「そもそも」「要するに」で深さをアピール

大学生のほとんどが将来労働者になるのに「労働学部」はなくて「経営学部」ばかりある。なぜか？「経営学部」は経営者になるためのものではないからだ。経営の理屈を内面化させ、文句を言わない労働者を作るためにある。大学は、学生の利益など考えず、企業活動の正当化をしているだけなのだ。

大学生のほとんどが将来労働者になるのに「労働学部」はなくて「経営学部」ばかりある。なぜか？ **そもそも**「経営学部」は経営者になるためのものではないからだ。経営の理屈を内面化させ、文句を言わない労働者を作るためにある。**要するに、**大学は、学生の利益など考えず、企業活動の正当化をしているだけなのだ。

根源にさかのぼり、常識を打ち砕く

「そもそも」は根源にさかのぼって考えるための接続詞です。「接続詞ではなく、副詞である」などという説・議論もあるみたいですが、前述したように、ここではそういう文法話はスルーします。とにかく表面に見えることに満足せず、元々どういうことか、どういう意味だったのか、と根本的に説明するときに使う言葉です。

根本的に意味・意義を考え始めると、当初の判断が変わってくる場合も少なくありません。その意味で、この「そもそも」は実に強力な言葉です。一言だけで、今まで漠然と正しいと思ってきた常識がひっくり返される恐れがあるからです。

常識をひっくり返す力

冒頭の文例では「大学生のほとんどは労働者になる」という状況（これは誰にも否定できない現実ですね）と「『労働学部』はなくて『経営学部』ばかりがある」という大学の設置学部の事情が矛盾していることをつなぎ合わせて、「『経営学部』は経営者になるためのものではない」という驚愕のアイディアが出てくる仕組みになっています。理屈は、もちろん次のように進んでいるわけです。

大学生のほとんどは労働者になる
⇔ **矛盾**
大学に「労働学部」はなくて「経営学部」ばかりある

← **そもそも**（根本的に考えると、どうなるか？）
経営学部は経営者になるためのものではない

← **さらなる展開**（では何のためのものか？）
経営の理屈を内面化させ、文句を言わない労働者を作るためだ

← **要するに**（以下のような結論になる）
大学は学生の利益など考えず、企業活動の正当化をしている

この「では何のためのものなのか？」という、より深い疑問を追求するときに「そもそも」という接続詞が使われるわけです。その疑問を追求していくと、びっくりするような結論が出てくる。「そうか、そうだったのか？　今まで気がつかなかったよ！」と読者が

思わず膝を打つという仕組みになっているわけです。こういう風に、自分の**思考力の深さを相手にアピールしたい場合に、この「そもそも」論は効果的**に使うことができるのです。

「つぶし」の常套《じょうとう》手段でもある

ただ、相手の思い込みを根本からひっくり返して、その提案をつぶすという方法には、悪用されると次のような使い方も可能です。

◎◎◎◎

それはたしかに面白いアイディアかもしれないね。でも、会社の金を使ってまでやってみる価値はあるのかな。**そもそも**、失敗したとき、君は責任を取れるのかね？

こういうことを言われるとガックリきますね。上司が提案に対して、こういう言葉を連発する会社では、部下からは新しいアイディアが出てこなくなり、きっとその会社は傾きます。そういえば、かつてウォークマンを開発したソニーの副社長は、会議でこういう言葉を言い出す管理職がいると「そういう質問はやめろ！」と一喝したそうです。

自分のアイディアを完璧だと言える人は少ないので、「そもそも」を使ってネチネチいじめられると、誰しも弱気になります。だから、なかなか反論しにくい。たしかに、こんな会社では、自分の思いつきを人に言いたくなくなるでしょうね。

「要するに」は帰着点

冒頭の文例では、もう一つ「要するに」も使われています。これは、いろいろ推論を重ねたあげくに、結局何が言えるか、と急転直下、結末を示すときに使います。

冒頭の文例では、「労働学部がない」から始まって、理屈を進めたあげく「文句を言わない労働者を作るため」だと喝破して、結局「大学は、学生の利益など考えていない」と決めつける。大学関係者には「むっとする」ような結論かもしれませんが、それなりの説得力があることは否定できないはずです。

こんな風に「要するに」は、ややアクロバティックな推論を積み重ねた後に、現状は「こうなんだ!」と決めつけて批判するときによく使われます。それだけに**「要するに」は、聞き手にとって受け入れがたい結論を認めさせたい場合には有効**な手段なのです。

もちろん、そこに至るまでには、ロジックとデータを積み重ねて、水も漏らさぬように議論を組み立てる必要があります。逆に言えば、こういう「決めつけ表現」を効果的に使えるには、そうとう綿密に考えなければならないし、もしかしたら、こういう接続詞を使えるだけで、自分の頭のよさもアピールできるかもしれません。その意味で、ある種の**接続詞を使えるかどうかは、その人の言語と思考のレベルを測る指標にもなる**のです。

【まとめ】

「そもそも」は、常識を問い直して、新奇な結論を受け入れさせる

「そもそも」には、相手の提案をつぶす役目もある

さんざん推論を重ねてから「要するに」で決めつける

第5章　きっちり結論につなげる

「このように」でゆったり結論を示す

リストラはいいことではないが、会社存続のために必要な行為と認められている。**だから**、労働者側も自らの技術を頼りにして、仕事場を渡り歩く覚悟が必要になる。実際、非正規労働者の比率は30％を超えるなど、労働力の流動化は進むばかりだ。**つまり**、身分が不安定になったことで、日本人の会社への忠誠心も衰えたのである。

リストラはいいことではないが、会社の存続のために必要な行為と認められている。**だから**、労働者側も自らの技術を頼りにして、仕事場を渡り歩く覚悟が必要になる。実際、非正規労働者の比率は30％を超えるなど、労働力の流動化は進むばかりだ。**このように**、身分が不安定になったことで、日本人の会社への忠誠心も衰えたのである。

結論はどう書くべきか？

皆さんは、文章や話に結論をつけるときにどうするでしょうか？　とりあえず、ことわざとか故事成語で終わらせる？　何だか社長や校長の訓示みたいですね。それとも、誰か有名コンサルタントの言っている「意識高い系」表現を引用する？　でも、それも使い古されているし、そういう言葉は、その場しのぎで当てにならないことも多いですね。

では、いったいどうするか？　絶対の法則があります。「結論では、新しいことを述べてはいけない！」。「え、そうなの？」と驚く人もいるかもしれませんが、これは正しい。つまり、**結論の内容は、すでに、前のところまでで述べられ終わったことでなければならない**のです。それをもう一度引っ張り出して繰り返すのが「結論」。その証拠に、結論部で使われる接続詞は「つまり」と「このように」が多い。

結論の禁則　＝　新しい内容を述べてはいけない

これらは二つとも、「ここは繰り返しだよ！」と暗示する言葉です。「つまり」は、その前後で、まったく同じ内容が書かれていることを示します。「世界第三位の経済大国、つまり日本は……」などと使いますね。

それに対して、「このように」は「前に書いたことを繰り返すと」「前の内容を基にして考えると」などの意味です。「日本の会社では、部下は上司がいる限り、先に帰ってはいけない。このように、日本の会社には目に見えない妙な規則が充満している」などです。

結論は「また」で始めない

もちろん結論は「また」「さらに」で始めることはできません。書く内容に困って、とりあえず「また」「さらに」で内容をつけ加える人がいますが、おすすめできません。というより、絶対に禁止です！　最後の段落が「また」で始まる文章があるとしたら、それだけで「この文章はダメだ！」と判断することができます。

● ● ● ● ● ●

リストラはいいことではないが、現代では、会社存続のために必要な行為として認められている。したがって、労働者側も自らの技術を頼りにして、仕事場を渡り歩く覚悟が必要になる。実際、非正規労働者の比率は30％を超えるなど、労働力の流動化は進むばかりだ。**また**、身分が不安定になったことで、日本人の会社への忠誠心も衰えたのである。

●●●●

冒頭の文章をこんな風に書いたら、何とも気持ち悪い感じがします。つけ加えになると「身分が不安定になった」ことと「会社への忠誠心も衰えた」ことが、それまでに述べてきた内容とどういう関係になっているのかよくわからなくなるからです。それに対して「つまり」や「このように」を使うと、前の部分を、後がしっかりと受けているのがわかるので、いかにも結論らしく見えてくるのです。

「つまり」と「このように」の違い

「このように」は、ある範囲の内容をまとめて指し示す接続詞です。ここだったら、最初から「実際、非正規労働者の比率は30％を超えるなど、労働力の流動化は進むばかりだ」という例示の部分までを指し示します。それらをまとめると、こういう結論になるのだ、ということを示すわけです。

もちろん、「つまり」も結論には使えます。とくに、学校教育で「まとめ」の接続詞と言われているのは、「つまり」の方です。実際、冒頭に挙げたように「このように」の代わりに結論を表すのに使ってかまわない気がします。

でも、この二つにも違いはあります。「つまり」は、直前の内容を受けるのですが、その範囲は「このように」ほど広くはないからです。基本的意味は、前の文と後の文の内容が同じで、表現だけが違うよ、ということを示しているだけです。

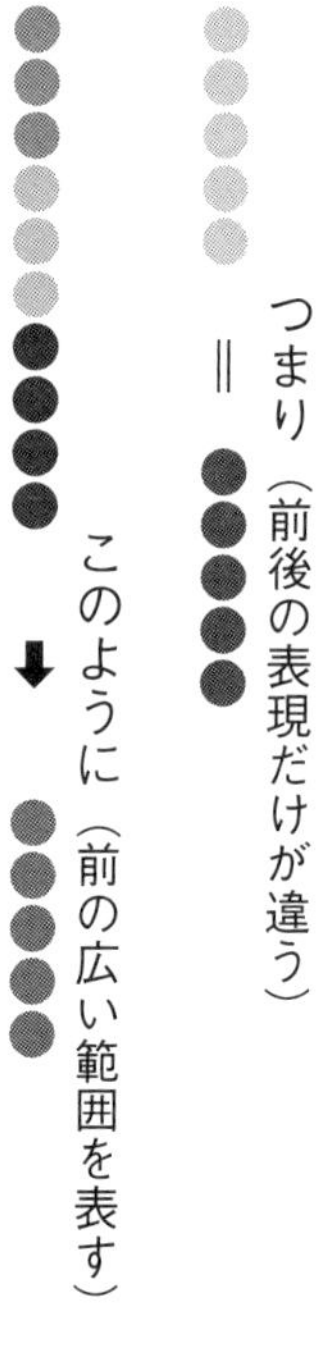

だから以下のように、元の文を書き換えるなら「つまり」はぴったりです。

労働者側も自らの技術を頼りにして、仕事場を渡り歩かねばならない。**つまり**、身分が不安定になった。**ここから**、会社への忠誠心が衰えるという事態も起こった。

なぜなら、「つまり」以下「身分が不安定」は、前の文「仕事場を渡り歩く」という具体的な表現の抽象化になっているからです。

しかし「会社への忠誠心も衰えた」の部分は、本来、直前の「仕事場を渡り歩く」のたんなる言い換えではありません。むしろ「リストラ」と「仕事場の変化」と「労働力の流動化」という一連の事態が起こった結果として、日本人の労働観に変化が起こり、会社に対して「忠誠心がなくなった」という心理的な結果がもたらされたはずです。こういう風に受ける範囲が広い場合は、「つまり」では持ちこたえられないのです。

結論を表す接続詞のニュアンス

実際、我々が日常書く文章では、ある程度スペースを取って論じたあげくに、最後に短く「結論」をキメるという形が多い。したがって、実際的には結論を表す接続詞としては「つまり」より「このように」の方が、使いでがあることになります。

もちろん、前に述べた「したがって」も結論を表すことができます。とくに「したがって」は、前からの自然なつながりを表すので、丁寧に論じたあげく、自然に結論が決まってきたという状態を表すのに適しています。それに対して「だから」は、主体的判断という立場なので、議論の自然的結果としての結論を表すには「したがって」より使いにくくなるのでしたね。「このように」は、この「したがって」とほぼ同様に使えると考えていいでしょう。

結論を表す接続詞のニュアンス

つまり	直前の内容から結論づける
このように	前の広範囲の内容から結論づける
したがって	自然に結論が出てくる
だから	筆者が主体的に判断する

【まとめ】
結論を表す接続詞は「このように」が便利である
「つまり」は前文と後文が同じことを示すにすぎない
「したがって」も「このように」と同様に使える

「とにかく」「やはり」は強引すぎる

二千円札がなかなか流通しない。那覇の守礼門が絵柄に使われたせいもあり、沖縄では「地元振興のため」と官民が協力して自動販売機でも使えるようにした。ところが、本土ではその体制がなく、使える場所が限られる。行政が企業に命令するわけでもない、という。**やはり**、本土の連中は沖縄なんかどうでもいいのだ。

二千円札がなかなか流通しない。那覇の守礼門が絵柄に使われたせいもあり、沖縄では「地元振興のため」と官民が協力して自動販売機でも使えるようにした。ところが、本土ではその体制がなく、使える場所が限られる。行政が企業に命令するわけにもいかない、という。**わからぬでもないが**、沖縄より企業との関係の方を優先するような言い方が引っかかる。

「とにかく」「やはり」などの接続詞を結論で使う人は少なくありません。しかし、これは、途中経過をすっ飛ばしたり無視したりして急いで結論につなぐための接続詞です。たとえば「とにかく早く食べようよ」「いずれにせよもう問題は終わりだ」「やはり日本人しか日本語はわからない」などは、もう、あれこれ話すのは無用だ、さっさと終わりにしよう、という気分がにじみ出ています。

とにかく・やはり・いずれにせよ＝途中経過を飛ばして結論につなぐ

冒頭の文例でも、二千円札の話から、いきなり「本土の連中は沖縄なんかどうでもいいのだ！」という結論に飛んでいます。どうも、今までの「本土からの仕打ち」に対して複雑な感情が堆積していることが、背後にありそうです。でも、それを言わないで「ホラ、前に言ったとおりじゃないか？」と結論づける。

でも、この文脈を共有しない人にとっては、やや唐突な感じがするかもしれません。「なぜ、やはり、と言えるのか？　だいたい本土の人が『沖縄なんかどうでもいい』などと思っているわけないよ」と抗弁するかもしれません。それに対して、冒頭の文例を述べた人はカチンと来て、次のように返すかも……。

「だから、お前は俺たちの気持ちがわかっていないと言うんだよ！」

「何だと！」

◎◎◎◎◎

前提は本当に共有できるか？

なかなか難しい問題ですね。でも、この例で**「やはり」**がハイ・コンテキストな言葉、つまり**互いの間で共有するものがたくさんあるときに成り立つ接続詞**であることが、おわかりでしょう。「そうそう、お前の言うことはわかるよ！」「だろ？」というような親密な関係のときには、「やはり」はスムーズに伝わります。でも、そうでないときには、伝わりにくいのです。

「やはり」を使わないですまそうとすると、冒頭の後の方の文例になりそうです。一応、相手の言うことに同意するようなふりをして「でも、言い方に引っかかるんだよな」と違和感を表明する。「わからぬでもないが……」と通路を残しつつも、「言い方に引っかかる」とクレームをつけているわけです。コンテキストを共有しないときには、まず何らかの共有事項を作っておく必要があります。そのうえで、相手との「違い」をやや控えめに話題にする。いわば、相手とのコミュニケーションの余地を残しつつ、やんわりと反対の意思を表明するわけです。

逆に言うと「やはり」は、感じ方を共有する相手にしか使えないのだから、使い道が限られるのです。なぜなら、わざわざ話したり書いたりしなければならない場合には、何らかの意見の不一致が背景にあることが多いからです。したがって、その不一致を解消して共有理解を深めよう、という**論理的文章の場合は「やはり」の出番は少ないし、使うべきではない**のです。

「とにかく」「いずれにせよ」の意味

これは「とにかく」「いずれにせよ」でもほぼ同じでしょう。たとえば「とにかく早く食べようよ！」という発言の前に、何か深刻な問題についての話し合いがなされていたらどうでしょうか？　この言葉は、その話し合いを中断し、もしかしたら忘れさせるというきっかけになりかねません。

「いずれにせよ、問題は終わりだ」も同様で、本当は考えなくてはいけない問題かもしれないのに、もうそれについては取り上げるつもりはないことを表しています。「やはり日本人しかこの感覚はわからない」も、日本語が上手な、もしかしたら普通の日本人よりはるかに上手な外国人（そういう人に私はずいぶん出会いました）の存在を無視しています。要するに、これらの言葉は、当然考えるべきことをすっ飛ばしている場合が多いのです。

話を飛ばすのがいい場合

たしかに、現実生活では、実りのない話し合いに手間取って、いつまでたっても実行ができないことは少なくありません。そういうときに、サクッと話を打ち切って、実行にたどりつかなければなりません。

◎◎◎◎◎◎

「カレーでもいいし、ハンバーグでもいいし……あ、でも今の時期カキフライの方がいいかも……でも揚げ物はカロリーも気になるし、やっぱり野菜サラダに……」「とにかく早く食べようよ。おなかペコペコだよ」

おなかがすいているときなら「カレーかハンバーグかカキフライか……」などと考え

たり迷ったりは、ほどほどにして、食欲をとりあえず満たすことが差し迫った必要です。「とにかく」などの接続詞は、そういう場合に威力を発揮します。

しかしながら、そういう差し迫った必要がない場合に、これらを用いると「やはり」と同様、「考えるべきこと」を考えないままに実行に移すということになりかねない。とくに、文章を書く場合は、だいたい、何かを順序立てて考えて、きちんと筋道をつけて、やるべきことを考えよう、ということが多い。そこで、途中経過をすっ飛ばして結論を書いたら、とても人は納得してくれません。

「とにかく」「やはり」は、使わない

このように考えると、**文章の中では「とにかく」「やはり」などの「飛躍系」接続詞は使わないのが無難**だということになりそうです。よく考えて、物事を整理して結論を出す。それが文章の役割だとしたら、これらの接続詞の出る幕はありません。頻繁に出てくるようなら、むしろ、その文章は「よく考えさせない」ことを目的として書かれているのです。

一方「いずれにせよ」は、いろいろ場合を分けて説明した後に、いずれの場合でも、とどのつまり結論は同じになることを述べます。

「聖徳太子」が教科書から消えた。「厩戸皇子《うまやどのおうじ》」はいたが、彼が、遣隋使派遣、十七条憲法の制定、法隆寺建立を行ったとは確認されていないからだ。一方で「士農工商」も実態がないとされて、もはや教科書にない。**いずれにせよ**、高齢者にとっては、今までの常識が通用しなくなったのだ。

でも、これを次のように書いたら間違いになります。

「聖徳太子」が教科書から消えた。「厩戸皇子」はいたが、彼が、遣隋使派遣、十七条憲法の制定、法隆寺建立を行ったとは確認されていないからだ。こんな書き換えが頻繁に行われては高齢者は混乱する。**いずれにせよ**、今までの常識が通用しなくなった。

前は「厩戸皇子」と「士農工商」と例が二つなので、「どちらの場合でも」という意味の「いずれにしろ」が使えます。でも、後は「教科書から消える」と「高齢者は混乱する」は原因と結果です。これでは、同じようなものが二つないので「いずれにしても」は使えないのです。

とにかく	途中を飛ばす
やはり	前提に戻る
いずれにせよ	どれも同じになる

感じ方を共有する
人にしか使えない

【まとめ】

「とにかく」「やはり」などは一足飛びに結論につなぐ

「とにかく」「やはり」は途中経過を飛ばすので、文章では使えない

「いずれにせよ」は例示が二つ以上あり、結論が同じ場合に使う

「もちろん……しかし……」で綱引きする

人間は、自分のしてきたことにプライドを持ちやすい。だから、努力してきた分野を自分の仕事にしたがり、好きなことを仕事にしたいという人も出てくる。**だが**、これはまったくの間違いだ。他人が苦労することをやすやすとやってのけるのがプロの仕事というものだ。好き嫌いとは別に、自分のどこに、そういう才能があるか見つけることが、職業選択では大事なのだ。

もちろん、人間は、自分のしてきたことにプライドを持つのが自然だ。だから、努力してきた分野を自分の仕事にしたがるし、好きなことを仕事にしたいという気持ちもわかる。**しかし**、他人が苦労することをやすやすとやってのけるのが、プロの仕事だ。好き嫌いとは別に、自分のどこに、そういう才能があるか見つけることが、職業選択では大事なのだ。

前項では「相手との共有事項」について説明しましたが、相手と共有する何かがあることは、コミュニケーションするときに大切なことです。実際、自分の言っていることを相手に認めさせるには、自分の立場を言い立てるだけではうまくいかない場合が多い。むしろ、相手の言い分を一部認める姿勢を見せて歩みより、「その後で、こういう考え方もあるのだけどね」、というアドバイスめいた形にした方が受け入れやすい。

相手を配慮する姿勢

冒頭の文章を比較してみましょう。前と後では、ほぼ同じ内容を述べています。しかし、印象はずいぶん違います。前の方は、やや高圧的あるいは「上から目線」です。最初の二文「自分のしてきたことにプライドを持つ」「努力してきた分野を自分の仕事にしたがる」という傾向を「まったくの間違い」と決めつけ、自分の言いたいことにつなげています。

それに対して、後の方は対話をしている感じがあります。最初の二文を「もちろん……わかる」と理解する態度を示しつつも、それに対して「しかし」と逆接を使って、自分の言いたいことにつなげています。結局、最初の二文を否定しているのだから、内容は前と変わらない。「努力してきた分野を自分の仕事にする」ことを肯定するわけではない。それでも、こういう表現をすると、相手の言うことに配慮している、という姿勢をアピールできるわけです。

譲歩の構文の懐柔効果

この「もちろん……しかし～」は、譲歩の構文と言われます。英語でもフランス語でも、そっくりの言い方があります。どちらとも、言いたい内容は「しかし～」以下に詰め込まれています。つまり、内容を伝えるだけなら、「しかし～」以後だけでいいのですが、その前に「あなたの言いたいことはわかりますよ！」という表現がくっついて、**相手の気持ちに配慮していることをアピール**し、おもむろに自分の言いたいことを「でもね……」と述べているのです。

言いたいことの本意は「お前の言っていることは間違っているよ！」なので全面否定です。それでも「もちろん……しかし～」を使うと、相手に理解を示しているニュアンスがつく。もちろん、聞いている方が、その「ニュアンス」に反応して、自分の言うことが受け入れられたと思ったら大間違いです。「もちろん……しかし」までをスルーして、その後に耳をそばだてるべきなのです。

逆に言うと、相手に同意できない場合でも、頭から反対するのは戦略としてまずい。そういう態度を示すだけで、相手の感情的反発を招く危険があるからです。ですから、まずは「あなたとコミュニケーションする意思がありますよ！」「あなたの意見は無視していませんよ！」という親密のメッセージを届け、それから、おもむろに「ただ、ちょっと疑問があってね……」と控えめに自分の本当に言いたいことにつなげるわけです。

文章の仕組みは会話と同じ

文章も、基本は会話の心得と同じです。ある問題に対して「自分はこう思う」と言うと、相手は「え、何で？」と聞いてくる。そこで「なぜなら……だから」と理由を述べる。それだけでは納得できず「もう少しくわしく言ってよ」と迫ってくる、そこで「それは、つまり……ということなのです」とくわしく説明する。すると「理屈っぽい話ばかりで理解できないよ」とこぼすので「たとえばね……」と例を出す。相手のツッコミに、あの手この手で応答していく。これが、前に述べた理由・説明・例示の三点セットの論法でした。

文章は読者との対話＝相手のツッコミに応答して書く

しかし、話し相手との本当の対決は、この後から始まります。なぜなら、自分なりの信念を持っている人は、こちらの出した三点セットをものともせずに、自分なりの根拠を出してくるからです。「そんなこと言ったって、××は△△だよ。なぜなら、□□は◇◇だからだ。やっぱり、君の言うことはおかしいよ！」

もし、こういう反論が、はじめから予想できるなら「もちろん、××は△△もありだと思う」と、**相手の言いそうな意見を先に言ってしまう**のも一つの手です。「ほら、やっぱりそうなんだよな」と相手は心の中で勢いづく。「オレの意見はちゃんと認められた！」という気持ちになります。

そこから「でもね……」と、根拠を一つ一つ丁寧に検討して否定していく。終わってみれば「あれ？」。反対意見は成り立ちようがない。呆然とする相手。その隙に「ね、だからボクの言うことは間違っていなかったでしょ？」と念を押すのです。

とくに、へそを曲げそうな人には「キミの言うのも、なかなか、いい案だと思うよ」などと持ち上げて、ご機嫌を取る。でも、大筋は曲げない。なんだか狐と狸の化かし合いみたいで腹黒いようですが、こういう経過をたどっていけば、うるさい相手でも黙らせられるわけです。

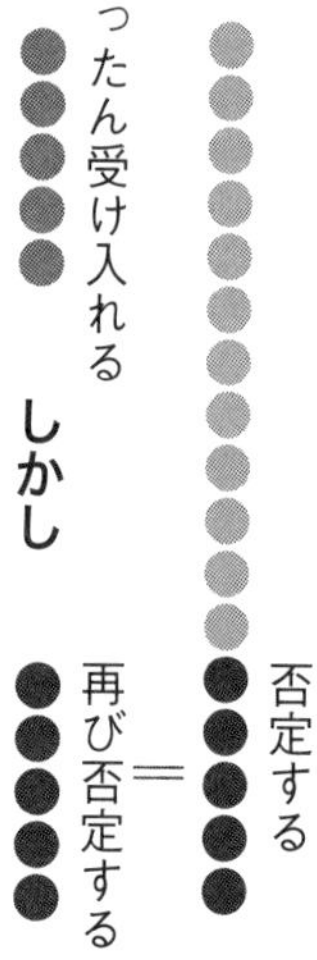

綱引きの充実感が説得力

つまり、文章は、読者や聞き手との綱引きのようなものです。押したり引いたり、勝ちそうになったり負けそうになったり、プロセスが充実すれば、終わったときには、相手も「結局負けてしまったけど、とりあえず全力は出せた」という満足感が得られます。

文章もそれと同じです。読んでいるうちに、自分が感じた疑問が書かれていたら「そうだ、そのとおりだよ」と膝を打つ。でも、見る間に、それが一つ一つひっくり返される。「いや、そうは言ったって……」と抗弁したくなる。でも「やっぱり、そうなるのか。仕方ないな」とだんだん反対する気持ちが萎えてくる。そういう**対話のプロセスが充実していれば、書き手の主張も受け入れやすくなる**はずです。

一方的に主張するだけでなく、読み手と綱引きする。だって今は反対者でも、説得できれば賛成してくれる味方になるかもしれないのですから、大事にするのは当然ですね。「もちろん……しかし～」という譲歩の接続表現は、そういうときに使うのです。

根拠は譲歩から始めない

しかし、その対話の度が過ぎて、次のような書き方をするのは、推奨しません。

英語は第二公用語にすべきではない。**たしかに**、昨今のグローバル化の進展を考えると、英語を使いこなす人材は大切だ。**しかし**、日本人にとって、英語を必ず使わなければいけない場面は必ずしも多くない。日常では、たいてい日本語で用が足りる。そのような状況で、英語を第二公用語にしても、広く普及するという期待は持てない。

いきなり反対意見を取り上げても、自分が述べるべき内容が後回しになって、かえって不親切です。まずは、自分の立場を明確にして、それをサポートする根拠を出すべきです。それから譲歩を使って、反対意見を考慮してやれば、十分相手を慮《おもんぱか》ることになります。

英語は第二公用語にすべきではない。**なぜなら、**日本人にとって、英語を必ず使わなければいけない場面は必ずしも多くないからだ。日常では、たいてい日本語で用が足りる。そのような状況で、英語を第二公用語にしても、広く普及し定着しないはずだ。**たしかに、**昨今のグローバル化の進展を考えると、英語を使いこなす人材は大切だ。**しかし……**

基本的立場は最初に明確にして、読み手をミスリードしないようにしましょう。

【まとめ】
読み手を納得させるには反対意見に触れる「綱引き」が大事である
「もちろん……」で相手の意見の一部を認めて「しかし……」で否定する
まず自分の立場を述べてから、反対意見に触れる

「よって」「ゆえに」は気取りすぎ

ＩＵＣＮのレッドリストには、絶滅のおそれが高い種が一万種以上挙げられ、地球環境は深刻な危機にある。**よって、**環境保全を進めるのは当然の義務と言える。

ＩＵＣＮのレッドリストには、絶滅のおそれが高い種が一万種以上挙げられている。地球環境は深刻な危機にあるのだ。**したがって、**環境保全を進めるのは当然の義務と言える。

論理的に書こうと気負いすぎて、「よって」「ゆえに」などの接続詞を使いたがる人がいます。間違いとまでは言えませんが、そんなに緊張する必要もないでしょう。この「よって」「ゆえに」は、数学の証明によく出てきます。「Ｑ.Ｅ.Ｄ.　よって命題は証明された」などと使われますね。

しかしながら、論理的接続なら「だから」とか「したがって」と働きは同じです。同じ内容をもっとシンプルに伝えられるなら、わざわざこういう古風で難しげな接続詞を使う理由はありません。

実際、冒頭の文例で「よって」を「したがって」や「だから」に変えても、それどころか、接続詞なしでも、たいして意味は変わりません。

◎◎◎◎

ＩＵＣＮのレッドリストには、絶滅のおそれが高い種として、一万種以上が挙げられている。地球環境は深刻な危機にある。環境保全を進めるのは義務なのだ。

同じような内容にはなっているし、「義務」という言葉のあたりに多少飛躍が感じられなくはありませんが、別にわかりにくくはないですね。

こういう風に、同じ内容をよりやさしく表せるなら、**難しい接続詞を付け焼き刃で使うのは、かえってよくありません**。谷崎潤一郎が言っていた「無駄な穴塡めの言葉」とは、こういう接続詞のことを言うのかもしれませんね。

権威づけに使われる接続詞

実は、こういう難解な接続詞は、かつて「司法試験予備校」などの学生がよく使っていました。弁護士資格を目指す人に限りませんが、人は、まず形から「いかにも××らしい」文章を書こうと努力するようです。

他方で「予備校」の側も、試験にたくさんの人を手っ取り早く合格させたいし、自分のところがそのノウハウをちゃんと持っているとアピールしたいので「こういう言い方をせよ」「これこそ法曹らしい文章だ」「このスタイルを守れば、必ず合格できる」などと、画一化した表現パターンを授業で教えます。

その結果、「よって……」とか「思うに……」とか「……と考える」とか、日常生活ではめったに使わないような言い回しが続出し、それを書くことが「法律の文体」だと理解されるようになる。合格した先輩も、どこが自分の合格したポイントかよくわからないから、「オレが合格したのが証拠だ」と細かい「心得」を後輩へめんめんと伝えていく。こうして妙な「専門用語もどき」が成立するわけです。

結局、こういう言葉を使うことで、自分の言っていることが「何だか高尚な内容である」という印象を与え、自分の発言に権威づけするオーラが出てくるわけですね。

シンプルな表現で難しい内容を言う

もちろん、こういう事情は日本だけではありません。欧米でも事情は同じで、昔は学問的な文章はラテン語で書くのが基本なので、それが今でも残っています。たとえば「デファクトスタンダード」の「デファクト」は「de facto 事実による」というラテン語、つまり「誰が決めたわけではないが、何となくそういうことになっちゃった」という意味です。

意味はたいしたことはないのですが、こういう風にラテン語をときどき使うとエラソーに聞こえます。前世紀末には「知のエピステーメー」なんて言い方もされました。これは、ラテン語よりさらに前の古代ギリシア語なのですが、「エピステーメー」自体が「学問的知」という意味なので、つなげると「知の学問的知」となって何が何だかわかりません。偉そうな言葉もあやふやなまま使うと、こっけいなことになりかねません。

たとえば「畢竟《ひっきょう》」などという言葉をご存じでしょうか？　「畢」も「竟」も、仏教語で同じという意味らしく、これをつなげると「つまるところ」「結局」など、結末を述べる表現です。

最も強く明治の影響を受けた私どもが、その後に生き残っているのは**畢竟**時勢遅れだという感じが烈《はげ》しく私の胸を打ちました。

（夏目漱石『こころ』）

畢竟、人間は自分のためだけに生きて、自分のためだけに死ねるほど強くない。

（三島由紀夫の言葉）

三島由紀夫にも見られるように、昭和までは、それなりに使われていたようです。とはいえ、「文豪」ならぬ我々が、あえて使わなければならないというほどの理由もないでしょう。たとえば、三島由紀夫の言葉も、以下のようにくだけた調子で書き換えたって、意味は変わりません。

結局さ、人間はテメーのためだけに生きて、テメーのためだけに死ねるっつーほど強かあねえんだよ。

ただ、これだと三島由紀夫ではなくて、まるで「フーテンの寅さん」みたいな言いぐさで、だいぶありがたみは薄れます。それにしても、文豪の言葉も、シンプルな表現にしてみると、たいした内容ではありませんね。

権威づけは滑稽である

そういえば、十七世紀イタリアの仮面即興喜劇「コメディア・デラルテ」には、「ドットーレ」（学者さま）というキャラクターが出てきます。大きな鼻をつけ、片手に厚い書物を持ち、無学で愚かなくせに、しょっちゅう、うろ覚えのラテン語を口走る。自分だけは「エライ！」とか「学がある」と思っているのですが、実は、周囲の人々の嘲笑の的になっているのです。

こういうキャラクターが、すでに近代の始まりあたりに成立していたということは象徴的です。つまり、うわべだけ難しげなスタイルにして「学がある」とか「専門的である」という印象を与えようとしても、すぐ内実を見透かされてしまう。むしろ、**誰にでもわかる、できるだけやさしい言葉で説明してみんなと共有する**、というのが、正しいスタイルなのです。

シンプルにして内容で勝負する

その意味で言うと「かつ」「もしくは」などというつなぎの言葉もあまり推奨できませんね。「と」「また」とか「あるいは」で十分意味が伝わるので、あえて使う必要はありません。

文語的な言葉を多用し、気取った文体にして、何かすごいことを言っているような見せかけにしても、中身が伴わなければ意味がありません。複雑なことでも、なるべく、わかりやすくシンプルな表現で述べるべきなのです。

【まとめ】

「よって」「ゆえに」などの文語表現は避ける
シンプルな表現でも、複雑で内容が濃いことは言える
「かつ」「もしくは」など難解な言葉は使わない

「さて」「ところで」では終われない

> **さて**、人類は、医学の進歩によって病気が治る確率が上がった。他の動物は自分で自分を癒やすことも仲間に癒やしてもらうこともできない。その意味で、人間は動物としては、例外的な存在なのだ。
>
> **以上のように**、人類は、医学の進歩によって病気が治る確率が上がった。他の動物は自分で自分を癒やすことも仲間に癒やしてもらうこともできない。その意味で、人間は動物としては、例外的な存在なのだ。

いよいよ、接続詞の各論も終末に近づいてきました。ホントにいろいろなニュアンスや意味があるものですね。

ということで、最後は「さて」「ところで」の使い方です。この二つは、話題転換の接続詞と言われています。「さて」は、副詞「さ」（その、それ）と接続助詞「て」がつながってできたと言われます。「ところで」は、元々「それが終わったところで」、という意味で、昔は「それゆえ」とか「けれども」などと同様に使われたとも言われています。

もともと接続詞はあいまいだった

これは、接続詞が「さて」が「さありて」、「そして」が「そをして」などに見られるように、他の言葉からの転用でできたからかもしれません。こういう言葉がだんだん整理されてきて、現代に見られる接続詞が成立したというわけです。そのため、用法がいまだに確定しないところがあります。

とはいっても、語源の問題はさておいて、なるべく明確な意味で使った方が、自分の言ったことや書いたことに関する誤解を避けることができます。その意味で**「さて」「ところで」**は「それで」とか「そして」の意味ではなく**「これまで述べた話題とは、違う話題を持ち出すよ」**という意味に限定して使った方がいいでしょう。

論理と「さて」「ところで」の微妙な関係

そもそも、理屈をなるべくきちんと通そうと思ったら「さて」「ところで」を使う必要は出てきません。なぜなら、ロジックとは「首尾一貫」したものだからです。前で述べたことを次々に言い換えていけば、そのまま最後の言いたいことまでつながる。これが、ロジックのめざすことです。

ちょっと難しい話になりますが、論理学の本を読むと、日常言語より、接続の言葉が限定されているのに気づきます。基本的には、「かつ（「また」でも同じ）and」「あるいはor」「もし……ならば……if……then……」と「すべてのall」「あるa certain」「ないnot」などという言葉だけからできています。この六つの言葉だけで、システム全体が動くわけです。つまり、話や文章を理屈立てて書くことが目的なら、これらが正確に使われているかどうかを気をつけるだけでいいのです。

論理学の構成要素 ＝
かつ
あるいは
もし……ならば……
すべての
ない／ある

もちろん、実際の話や文章は、数学や論理学と違って、理屈だけでできあがっているのではありません。理屈と現実をつなげるために、例示や比較をしなければなりません。だから「たとえば」とか「実際」という接続詞が出てくる。さらに、その内容を伝えたい相手が出てくる。だから、相手の意見の一部を認めつつ、自分の主張を押し通すために「たしかに……しかし……」とか「むしろ」「一方……他方……」「それに対して」が出てくる。

さらに「そもそも」「とくに」で議論をいっしょに深め、「つまり」「したがって」で結論づける。その過程で、話を早くするために「やはり」「結局」も使われる。要するに、現実についての意見・主張であるということと、内容を伝えるべき相手がいる、という二つの理由で、こんなにいろいろな接続詞が必要になってくるのです。

そもそも	根源的に考え直す
とくに	典型例を出す
つまり	前文と後文が同じ意味である
したがって	前文から後文が自然と出てくる
やはり	前提の共有を確かめる
結局	最終的な結末を示す

スネークでは話題は同じ

ここに至るまでの説明で、どこにも「さて」「ところで」が出てこないことにお気づきでしょうか？　理屈が立っているかどうかは、最初に言ったことから、最後の結論まで一直線に言い換えがつながることなので、当然、話している内容は、最初から最後まで変わらないのです。

スネークの構造

図に表すと、こんな風に前提から次々に言い換えが連なり、結局言いたい結論までつながる。英語では、これを蛇（スネーク）型の話と言いますが、これだと、どこにも話題転換は出てくる余地はありません。たとえば、次のようになります。

人間は本質的に自由である。**だから**、基本的に、何をしてもかまわない。**ただ**、他の人も自由があるのだから、それを尊重しないといけない。**逆に言うと**、他の人の自由を邪魔しないなら、何をしてもかまわない。**たとえ**、他の人から見て「なんて馬鹿なことをするのか！」ということでも、その人が「やりたい」なら、傍から「やっちゃいけない」とは口出しはできないのだ。これを愚行権という。

「自由」から始まって、「他人の自由の尊重」「他人の自由を邪魔しないなら、何をしてもいい」「他人から見て馬鹿なことでも、本人がやりたいのなら、禁止できない」と話は一筋に進みます。どこにも、話題転換や寄り道はありません。

もし話題転換が出てくるなら、このつながりのどこかが行きすぎて元に戻らなければならないときとか、述べていることがいくつかに分かれているとか、でなければなりません。同じ内容ですが、別な書き方にしてみましょう。

人間は本質的に自由である。**まず**、自由でなければ人間ではない。自分の意思で自分のやりたいことを決められないのは、馬や牛の家畜と同じだ。**ところで**、他人にも自由があるから、それは尊重すべきだ。「お前はこれをしてはいけない」などと、他人に言ってはいけない。自分も他人も同じく自由の権利を持つ。**さて**、このような他人の自由を邪魔しない限りでは、何をしてもかまわない。**たとえ**、他人から見て「なんて馬鹿なことをするのか！」ということでも、自分がやりたいなら、傍から「やっちゃいけない」とは口出しできない。われわれは、馬鹿なことでもやる権利があるのだ。これを愚行権という。

言いたいこと		人間は本質的に自由である
根拠1	**まず**	自由でなければ人間ではない
根拠2	**ところで**	他人の自由も尊重すべきだ
根拠3	**さて**	他人の自由を邪魔しないなら何をしてもいい
結論		馬鹿なことでもやる権利がある

ここでは、「まず」から始まって、「ところで」「さて」と二回の話題転換があります。全体が言いたいこと、三つの根拠、と箇条書きのようになっているわけです。これら三つの根拠が、一つの言いたいこと（主張）を支えているので、孔雀の尻尾のような構造になっているわけです。これを孔雀（ピーコック）型と言います。根拠が逐一列挙されている形式です。この方がすっきりしていて好きだ、という方もいらっしゃるかもしれません。

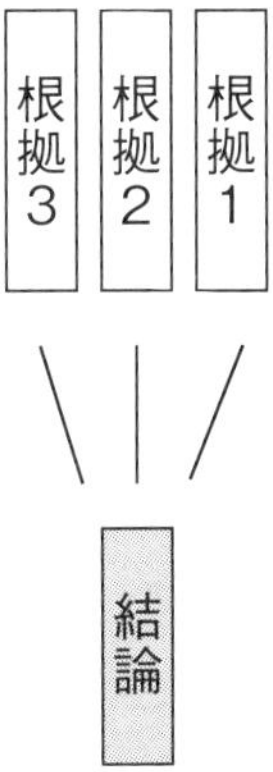

ピーコックの構造

ただ、この形にすると、1~3は独立しているので、それぞれの根拠につながりはつけられません。当然のことですが、結論が始まるところには「さて」は使えません。使えるのは根拠と根拠の間だけですね。結論部では、「したがって」「だから」「こうして」「以上のように」などと、前とのつながりを意識させるような接続詞を使わなければいけません。

こんな風に、文章全体の配置を考えながら、接続詞を使い分けるわけです。

【まとめ】

「さて」「ところで」は話題転換だが、論理的文章にはなじまない

論理的文章は一直線（スネーク）型の言い換えが基本である

「さて」「ところで」は、前後で内容が違っていることを示す

コラム2

「そして」連続症候群

便利な言葉には毒がある

接続詞というと、第2章で述べたように、まず「そして」を思い浮かべる人が多いですね。何でもつなげられる便利な接続詞です。たとえば、次の文章は、あるお医者さんの書いた文章です。

人間は食物を認知します。**そして**、口まで運んで、口腔内に食物を取り込みます。**それから**、咀嚼して飲み込める状態にして、食塊を咽喉から食道内に送ります。**そしてまた**、その食塊を食道から胃の中に送り込む。これらの一連の動きのことを嚥下《えんげ》と呼びます。

「そして」が多すぎる感じはしますが、意味を取るのにさほど問題ありませんね。でも、次のように書き換えると、とたんに感じが変わります。

嚥下とは、食物を胃の中に送り込むまでの動きを言います。**つまり**、**まず**食物を認知して、口まで運び、口腔内に食物を取り込み、**次に**咀嚼して飲み込み、**それから**、その食塊を咽喉から食道内に送り、**最後に**食道から胃の中に送る。これら一連の動きなのです。

いかにも、頭脳明晰な感じがしませんか？　もちろん前の方が、突然、頭脳レベルが変わったわけではありません。筆者は大変優秀な方なのに、前のままだと、どうもその感じが出てこないのはなぜでしょうか？

手探りではなく見通しをつける

これは、読むときの感覚と関係しています。前の方では、一つの文が終わると、「そして」で次の文が始まり、これが終わると、また「そして」系で次の文章につながれる。これをいくどか繰り返して、結論である「嚥下とは何か」という問題の答えに至ります。いわば、一つ一つ「たどり読み」しなければならない文章です。

それに対して、後の方の文章では、まず冒頭で、「嚥下とは何か」の答えが一文で述べられます。これを「ポイント・ファーストの原則」と言います。直後は「つまり」で、第一文の説明、つまり、以下を読めば、最初の一文の意味が理解できることを示し、「まず……次に……それから……最後に……」を使って順序づけ、これから文章がどう進むか、を予告しています。だから、構造がハッキリ見えて、全体構造の見通しがつきやすくなる。

逆に、見通しが立たないまま読み進まなければならないとしたら、「どこに連れて行かれるのだろう?」「何を言いたいのだろう?」と不安になるし、それでも先が見えないと「こいつ、何を言っているんだ!」と癇癪を起こすでしょう。でも、それが「ありがちな文章」なのです。

ある医療機器メーカーの方は、私のところでこの「全体を見通させる」技法を学んだ後、自社製品取扱説明書を担当する部署に配属されました。はじめて、説明書の文案を書いてみたところ「わかりやすい」と評判になり、たちまち、その部署のリーダーになったとか。また、私が、ある医院の開設HPの文章を、この方針で直した後には、いきなり患者数が五十%以上増えたとか。

こんな風に、ちゃんと使いさえすれば、言葉や思考は無力ではありません。むしろ、きちんとした文章は人の心や行動を直接動かすのです。

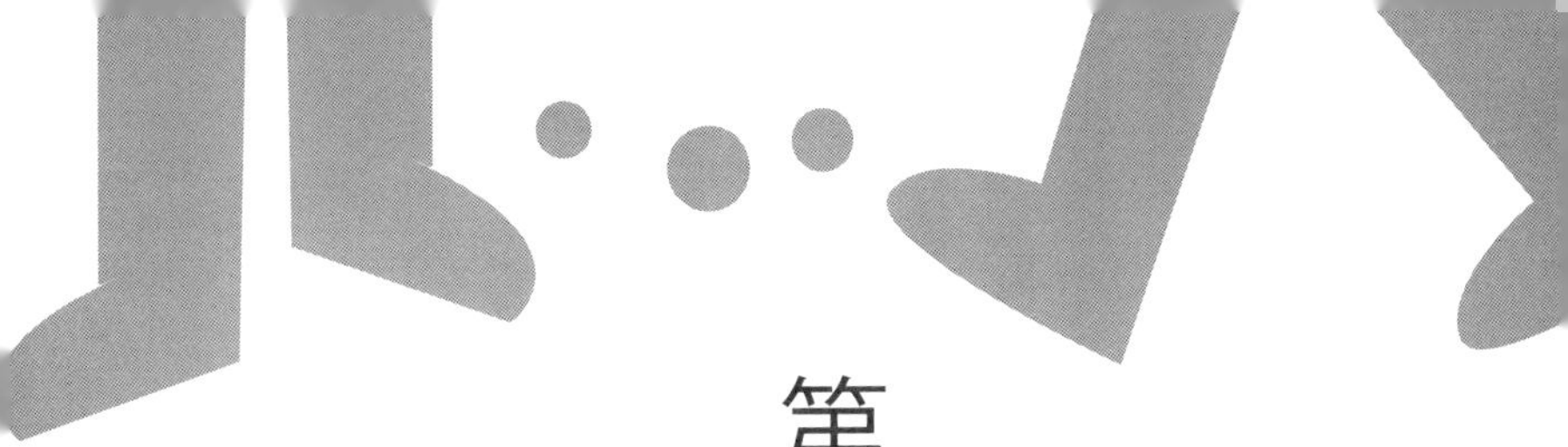

第6章　接続詞を選び、文章を変える

接続詞は文章の流れを作る

ここまで、さまざまな接続詞のあり方と、その意味について説明してきました。それをまとめると、接続詞とは、今までの文と次の文をつなぐときに使う言葉で、二つの文の関係を明らかにするとともに、次の文の内容がどうなっていくか、読者に予想をさせるための働きを担っているのでした。

前述したように、文章を道路にたとえるなら、接続詞は、交通標識や信号の働きをするわけです。交通標識があるから交通がスムーズに流れるように、接続詞が整理してくれるおかげで、文章は支障なく流れていくのです。

●●●● → **接続詞**（止まれ！）→ ●●●●●●●●● → **接続詞**（曲がり角！）→ ●●●●●

もちろん、接続詞の役割は、それにとどまりません。二つの文の間に、どんな接続詞が来るのが適当なのか、と考えることで、次の文をどんな向きにしたらいいのか、くっきり

と整理されるからです。接続詞は、文と文とのつなぎ方をクリアに示すので、これからどう進むか、どこを目指すか、を示し、逆に、どこで迷ったりつまずいたりしているか、も明らかにしてくれるのです。つまり、**接続詞を決めることで、文章をより明快なものにグレード・アップできる**のです。

コラムには接続詞が使われていない

その意味で言うと、この本の冒頭でも書いたように、新聞記事は、必ずしも「文章のお手本」にはなりません。とくに新聞の「コラム」は問題です。接続詞に焦点をあてて検討してみると、新聞コラムがいかに妙な書き方をしているのか、よくわかります。

次の文章を見てみましょう。後で見やすいように、段落には、番号を打ってあります。

❶少し遠回りして、公園を歩く朝は清々しい。踏みしめる枯れ葉の先にドングリがいくつも落ちている。ブナ科の木の実の総称である。コナラ、クヌギ……と、種類は多い。見つけた堅果はカシの実だろうか。

❷「大きいどんぐり、ちいちゃいどんぐり」。そう口ずさんで戯れるわが子を見つめ

た寺田寅彦の言葉が想い出される。やはり木の実に興じた亡妻の面影が重ねられていて切ない。寺田寅彦の名編である。

❸季節が移りゆく。子らが拾って遊ぶ都会の堅果はともかくも、山中のブナやコナラが不作らしい。食物を探してクマが人里に出没している。東京の青梅市にも現れて、射殺された。

❹人が襲われる事故も相次いでいるから、やむを得ないのかもしれない。ツキノワグマを保護してきた兵庫県はきのう狩猟を解禁した。猟を禁じた20年前よりも生息数が随分増え、方向を転じたと聞く。人と動物の共生関係を考える機会にできたらいい。

❺〈どんぐりが一つ落ちたり一つの音〉（細見綾子）かすかに音を立て、転がる木の実は、また生命を育もう。母と子の姿も相まって、いのちがいとおしい晩秋である。

（読売新聞『編集手帳』）

これが「コラム」です。よく「お手本にせよ」と、学校では使われている文章ですね。第1章では朝日新聞『天声人語』の例を挙げたのですが、ライバル紙である読売新聞も、政治的立場は違えども、文章としては似たり寄ったりなので、公平のためにも、こちらの方を使ってみました。

接続詞が極端に少ない文章

一読してすぐわかるのは、**接続詞がほとんど使われていないこと**です。せいぜいあるのは「やはり」「ともかく」ぐらい。ただ、「ともかく」の方は、ここでは「子らが拾って遊ぶ都会の堅果はともかくも（横に置いて）……」とあるので、どちらかと言えば副詞的な使い方で、接続詞ではありません。そういえば、「また」もありますが「また生命を育もう」なので、これも「育む」という動詞を修飾する副詞になります。

他方で、「やはり」の方は接続詞ではありますが、前提を共有する人にしか使えない言葉でした。ここでも「やはり……切ない」と言うのですが、なぜ「切ない」感情が、共有できるのか、よくわかりません。新聞の読者は、コラムニストとどのような前提を共有しているのでしょうか？

接続詞から構造をハッキリさせる

あまりにも接続詞が少なすぎ、という感じがするので、ちょっと補ってみましょうか？　まず、第❶段落は、筆者が公園を歩いてドングリを見つけた話です。しかし、第❷段落は、同じドングリを扱っているとは言え、寺田寅彦の随筆に話が移ります。ドングリつながりですが、内容は別に関係ないので、第❶段落と第❷段落の間には、話題転換の「ところで」か「さて」をつけましょうか？　文語的にしたいのなら「ちなみに」（「前の内容に関連して言うと」の意味）などという古めかしい言葉もいいかもしれませんね。

一方、第❸段落に行くと、「寺田寅彦」の話はなくなって、またまたドングリつながりから、「山のドングリの不作」に話題を移して、今度は「クマの射殺」について述べています。ここも、ドングリという要素は共通していても、内容は違うので、話題転換の「ところで」「さて」をつけるしかありません。でも、同じような接続詞が続くと単調なので、逆接の「しかし」ぐらいにしておきましょうか？

話題転換が多い

それに対して第❹段落の冒頭は、クマに人が襲われる事故についての内容なので、前の内容をそのまま受けています。ここは「これも」などの指示語で、その関係を明確にしましょう。でも、それだけしっかり結びついているのに、ここで段落が切れるのはちょっと変な感じもします。次は、別な例を出すのですから「実際」くらいが適当かもしれません。

	場面	話題
❶	公園	ドングリを見つけた
❷	随筆	亡妻を扱った名随筆
❸	山のドングリ不作	クマの射殺
❹	クマの事故	保護から解禁へ
❺	俳句	いのちがいとおしい

でも、最後の一文「人と動物の共生関係を考える機会にできたらいい」は、前とどのように関係するのでしょうか？　筆者は「兵庫県の狩猟解禁」から考えを発展させたのでしょうが、いささか唐突な感じもします。丁寧に説明したら「自然保護が言われる現代で、

クマを積極的に殺していいという判断は賛否両論があろうが……」などと前置きが必要になるでしょう。それでも、どのような道筋で「いい」という肯定的判断を強調するのか、よくわかりませんが……。

最後の第❺段落では、突然、俳句が登場し、話題はまたしても「ドングリ」に戻ります。ここも、話題転換の「さて」「ところで」でしょう。最後は「生命」の大切さが主題なのでしょうか？　でも、大切なのは「母と子」の生命なのか、それとも「クマ」の生命なのか？　よくわからない。こんな風に考えて、とりあえず、接続詞をつけて再構成してみたのが、次の文章です。

❶少し遠回りして、公園を歩く朝は清々しい。踏みしめる枯れ葉の先にドングリがいくつも落ちている。ブナ科の木の実の総称である。コナラ、クヌギ……と、種類は多い。見つけた堅果はカシの実だろうか。

❷**ところで（ちなみに）**「大きいどんぐり、ちいちゃいどんぐり」。そう口ずさんで戯れるわが子を見つめた寺田寅彦の言葉が想い出される。やはり木の実に興じた亡妻の面影が重ねられていて切ない。寺田寅彦の名編である。

❸**さて（しかし）**、季節が移りゆく。子らが拾って遊ぶ都会の堅果はともかくも、山中のブナやコナラが不作らしい。食物を探してクマが人里に出没している。東京の青梅市にも現れて、射殺された。**これも**、人が襲われる事故も相次いでいるから、やむを得ないのかもしれない。

❹**実際**、ツキノワグマを保護してきた兵庫県はきのう狩猟を解禁した。猟を禁じた20年前よりも生息数が随分増え、方向を転じたと聞く。**自然保護が言われる現代で、クマを積極的に殺していいという判断は賛否両論があろうが**人と動物の共生関係を考える機会にできたらいい。

❺**さて**、〈どんぐりが一つ落ちたり一つの音〉（細見綾子）かすかに音を立て、転がる木の実は、また生命を育もう。母と子の姿も相まって、いのちがいとおしい晩秋である。

主題はどこ？

何だか散漫な感じがしますね。原因はハッキリしています。話題転換の「さて」が多すぎるのです。「さて」「ところで」が続けて使われると、述べていることが次々に変わって、どこにたどりつくのか、よくわからなくなります。ドングリに代表される「季節の変化」から始まって「寺田寅彦の随筆」、それから「ツキノワグマの射殺」になり、最後に「いのちのいとおしさ」に落ち着く。しかし、「季節の変化」と「寺田寅彦の随筆」と「ツキノワグマの射殺」と「いのちのいとおしさ」は、本来は別の事柄です。別々の内容をつなげるなら、その間の関係がどうなっているか、明確にしなければいけないはずです。

それぞれの話題の関係は?

しかし、この文章では、関係を明確に表す「だから」も「したがって」も「たとえば」も「しかし」も「むしろ」も、「さて」以外の接続詞がほとんど使われていないので、それぞれがどういう関係にあるのか、読んでいても見当がつきません。だから、主題も明確にならない。さまざまのイメージが、何となく「季節感」とか「ドングリつながり」との中にぼんやり漂っているだけ、という感じになるのです。

雰囲気でごまかさない書き方へ

たしかに、こういうコラムは、現世の殺伐とした事件を伝える新聞記事の合間の息抜きの文章だから「ぼんやり感」も悪くないという反論もあるかもしれません。しかし、これが「文章のお手本」として教えられているとしたら、「息抜きの文章」という言いぐさでは済みません。

それぞれちょっとずつ違う論点が、「いのちのいとおしさ」とかいういささか手垢にまみれた表現とつながって、流れも関係も不明なままに、雰囲気的にずらずらつながる。こういう文章がお手本なら、「論理的に明快に主張する」などの実用的な文章の目的はいったいどうなってしまうのでしょうか?

書き手の意図とは違うかもしれませんが、今までの知識を利用して、文意が明確な論理性を持つように構成し直してみましょう。まず、「都会の堅果は**ともかくも**」とあるので、公園の「ドングリ」のところは「クマ」のことを書いている部分と分離できるはずです。論点が複数だと文章がわかりにくくなるので、思い切って元の文章を二つの内容に分けてみましょう。
そこに、接続詞や必要な内容も補って、ついでにタイトルもそれぞれつけてみましょう。太字のところが補った部分です。

●ドングリについて

少し遠回りして、公園を歩く朝は清々しい。踏みしめる枯れ葉の先にドングリがいくつも落ちている。ブナ科の木の実の総称である。コナラ、クヌギ……と、種類は多い。見つけた堅果はカシの実だろうか。

見ているうちに、「大きいどんぐり、ちいちゃいどんぐり」。そう口ずさんで戯れるわが子を見つめた寺田寅彦の随筆を想い出す。木の実に興じた亡妻の面影が重ねられている場面で、読むといつも切ない**気持ちになる**。名編である。

そういえば、俳句にもこんな句があった。〈どんぐりが一つ落ちたり一つの音〉(細見綾子)かすかに音を立て、転がる木の実は、前の世代が、次の世代を育む光景なのかもしれない。晩秋は、いのちがいとおしい季節だ。

●クマと自然保護

今年の秋は、山中のブナやコナラが不作らしい。食物を探してクマが人里に出没している。東京の青梅市にも現れて、射殺されたという。**野生動物をむやみと殺すのには賛成できないが**、人が襲われる事故も相次いでいるから、やむを得ないのかもしれない。**実際**、ツキノワグワグマを保護してきた兵庫県はきのう狩猟を解禁した。猟を禁じた20年前よりも生息数が随分増え、方向を転じたと聞く。

たしかに、**自然保護が言われる現代で**、**クマを積極的に殺していいとまでは言いにくい。しかし**、**このような試みを**、人と動物の共生関係を考える機会にすべきなのであろう。

連想と論理の違い

二つを比べてみると、「ドングリ」の文章では、相変わらず接続詞は多く使われていません。あるのは「……うちに」「そういえば」などの、連想を引き出す言葉ですね。ある感想を持ち、それが次の連想を生み出すという仕組みになっているわけです。こういうあり方は、「季節感」「時間」「人生」などという、より抽象的な話題と結びついて、随筆的な含蓄を強調した文章になっています。

導入	朝、公園を歩いたらドングリを見つけた
感想1	母子を描いた寺田寅彦の随筆を想い出す
感想2	俳句→木の実＝前世代が次世代を育む光景

それに対して、次の「クマと自然保護」を扱った文章では、「季節」「時間」などの情緒的な要素は背景に退いて、むしろ、中心には「晩秋になって、人里に出てきたクマを駆除すべきかどうか？」という問題が「野生動物をむやみと殺すのには賛成できない**が**、人が襲われる事故も相次いでいるから、やむを得ない」と「……が、～」の逆接を使って、矛盾をはらんだ問題の形で出てきています。

さらに、その問題をどう解決したらいいか、と考える中で「（駆除も）やむを得ない」という意見が考察され、「実際」で、駆除の具体例が示され、最後は「たしかに……しかし～」で譲歩の構文を使って、結論が示されています。一見して、接続詞の活躍の範囲がぐっと広がっているのがわかりますね。

自然条件	ブナやコナラが不作
結果	クマが人里に出没している
問題	保護か？　射殺か？
例示	兵庫県の狩猟解禁
譲歩	自然保護が大切
結論	人と動物の共生関係を考える機会にする

歯切れの悪い結論

本来、このような問題「人里に出没するクマを射殺（駆除）していいか？」に対しては、とれる立場は二つに一つ。「駆除していい」「駆除すべきではない」のどちらかです。筆者は、その問題に対して、「殺していいとまでは……言えないが、人と動物の共生関係を考える機会にすべき」と、やや歯切れの悪い結論で終わらせています。

このようなあいまいな結論に至ったのは、もちろん、途中できちんと議論が展開されていないからです。たとえば、駆除するかどうかを決めるには、駆除の利益と自然保護の利益を比較考量する必要が出てくるでしょう。それをしていないので、「考える機会にすべき」という腰の引けた提言で終わらざるを得なくなる。

接続詞を吟味すると文章は明確になる

これら整理した文章と、最初のコラムの文章で、どちらが明確にメッセージを伝えているでしょうか？　もちろん分けた方でしょう。両者とも接続詞を入れると**主題が一つにまとまり、何を言いたいかが明らかになる**からです。

さらに、書き直すと「❶ドングリ」と「❷クマと自然保護」のスタイルの違いも明らかです。前者は随筆で、季節にまつわる自分の体験から感想を引き出し、それを人生の感慨へと一般化する。それに対して、後者は意見文で、季節感は単なる背景に退き、「自然保護をどうするか？」と、現実の施策を引き合いに出しながら考えていこうとする。ずいぶん書き方が違ってきます。

逆に言えば、元のコラムは、こういう二つの異なったスタイルを強引にくっつけていた文章なのです。しかも、その違いをごまかすために、接続詞をわざと少なくして、全体を「あいまいな気分」の中に漂わせる。こんなやり方では、論理も感覚も研ぎ澄まされるはずがありません。最近、新聞に対する批判が多く聞かれるようですが、その原因の一つは、

このような記述のあいまいさにもある、と私は思っています。

接続詞は文章の究極である

接続詞を明確にすれば、前後の文のつなぎが明確になり、筆者のとらえ方もはっきりします。その意味で、**接続詞とは、**「無駄なつなぎ言葉」どころではありません。むしろ、**言いたいことを明確化し、それが個人の感想にすぎないのか、それとも話し合いや議論の材料になるのか、を明らかにする言葉**なのです。

だから、接続詞をきっちり使えるかどうかは、いい文章を書いているかどうかの一番の目安になる。接続詞がなかったり、あいまいな接続詞ばかり続いていたりする文章は、そもそも文章としての体をなしていないのです。

おわりに

最後まで読んで、どんな感想をお持ちになりましたか？　もしかしたら「全部知っていることばかりだったよ！」ですか？　もし、そうなら本当にいいのですが、むしろ、あちこちで「え、こんな意味だったの？」「こんな違いには気がつかなかったよ」と感じられたのではないでしょうか？

私は、三十年以上にわたり、他人の文章を添削することを仕事にしています。対象年齢は十代後半から六十代まで、職業も高校生、大学生、大学院生、会社員、エンジニア、医師、研究者、新聞記者、ＩＴコンサルタント、会社役員、占い師の方など多種多様です。しかし、どの方も、言いたいことをスッキリと書けなかったり、逆に、書くうちに自信が持てなくなったり、まとまりがつかなくて自己嫌悪に陥ったり、文章に苦闘されているという点では、皆同じです。

どんなによいアイディアでも、他人から「面白いね！」とか「なるほど、そうなんだね！」と思ってもらえるには、伝える工夫が必要です。言語も、音楽や絵と同様に一つのメディアですから、使いこなすためには、その特徴をよくわきまえ、基礎テクニックを磨かなければなりません。

接続詞の意味と使い方は、言語のメディアとしての特徴を、最もよく表す要素の一つです。だから、それをクリアにするだけで、文章レベルは確実に一歩上がります。そういえば、英語でも「絶対にAndを文頭に立てるな！」という有名な規則があります。ワープロ・ソフトで〝And……〟と書き出すと、すぐ警告マークがつくほど、強烈な規則です。

接続詞は小さな要素にすぎませんが、文章の方向を決め、決定的な影響を与えます。ぜひ、その意味や使い方に習熟し、読む者をうならせるようなスッキリした文章を書いていただきたいと思います。どうしても、うまくいかないと悩んでいる方は、ぜひご連絡ください。なんらかの具体的な力になれると思いますよ。

2017年春

吉岡友治

著者略歴――――
吉岡友治 よしおか・ゆうじ
1954年宮城県仙台市生まれ。東京大学文学部社会学科卒、シカゴ大学大学院人文学科修士課程修了、比較文学・演劇理論専攻。駿台予備学校、代々木ゼミナール講師を経て、現在、インターネット講座「VOCABOW小論術」校長。ロースクール・MBA志望者などを対象に文章、論理の指導を行うほか、企業でもライティング指導を行っている。おもな著書に『大学院大学編入学　社会人入試の小論文』(実務教育出版)、『東大入試に学ぶロジカルライティング』『反論が苦手な人の議論トレーニング』(共に筑摩書房)、『その言葉だと何も言っていないのと同じです!』(日本実業出版社)、『いい文章には型がある』(PHP研究所)、『シカゴ・スタイルに学ぶ論理的に考え、書く技術』(草思社)など多数。
「VOCABOW小論術」URL : http://www.vocabow.com
e-mail : office@vocabow.com

文章が一瞬でロジカルになる
接続詞の使い方

2017年4月26日　第1刷発行

著　者　吉岡友治
装幀者　渡邊民人(TYPEFACE)
発行者　藤田　博
発行所　株式会社 草思社
〒160-0022　東京都新宿区新宿5-3-15
電話　営業 03(4580)7676　編集 03(4580)7680
振替　00170-9-23552

印刷所　中央精版印刷 株式会社
製本所　株式会社 坂田製本

ISBN978-4-7942-2273-2 Printed in Japan　検印省略